T0269759

Convivir con un adolescente es fácil...

Convivir con un adolescente es fácil...

¡Si sabes cómo!

Eli Soler

Plataforma
Editorial

Primera edición en esta colección: octubre de 2020

© Eli Soler, 2020

© de la presente edición: Plataforma Editorial, 2020

Plataforma Editorial
c/ Muntaner, 269, entlo. 1.ª – 08021 Barcelona
Tel.: (+34) 93 494 79 99
www.plataformaeditorial.com
info@plataformaeditorial.com

Depósito legal: 18138-2020
ISBN: 978-84-17886-99-8
IBIC: VS
Printed in Spain – Impreso en España

Realización de cubierta:
Grafime

Fotocomposición:
gama, sl

El papel que se ha utilizado para imprimir este libro proviene
de explotaciones forestales controladas, donde se respetan
los valores ecológicos y sociales, y el desarrollo sostenible del bosque.

Impresión:
Romanyà Valls
Capellades (Barcelona)

*Para Àlex, por estar a mi lado y apoyarme
en todas mis locuras y proyectos.
A todas las personas que han creído en mí,
personal y profesionalmente.
Y, especialmente, a todos mis chicos y chicas
adolescentes por haberme enseñado tanto.*

Índice |

Introducción |

¿Te gustaría que existiera un mando de control remoto para controlar a tu hijo o hija adolescente? Podrías aumentar su volumen para animarle a hablar a ver si por fin se atreve a contarte sus problemas, o incluso quitarle la voz cuando no deja de quejarse siempre cuando dice que se lo prohíbes todo y no le dejas hacer nada.

O podrías cambiar de canal, a ver si de una vez deja el YouTube o Instagram y se pone a ver un documental, que no le vendría mal para mejorar las notas. También podrías apretar la tecla de *stop* cada vez que se acerca a las drogas o cualquiera de los peligros a los que se enfrentan los adolescentes. Y tampoco estaría mal que dispusiera de una tecla para activar los subtítulos porque, para las pocas veces que hablan, no hay quien los entienda; parece que no hablen el mismo idioma que tú y el resultado es una discusión asegurada.

Sí, más valdría que los niños y niñas nacieran con un control remoto en lugar de con un pan bajo el brazo para así, cuando se convierten en adolescentes, poder utilizarlo para conducirlos por el buen camino, porque parece que van por la vida desorientados y a menudo por donde no deberían.

Aunque ese comportamiento es normal. Están en esa etapa en la que todavía no han dejado de ser unos niños, pero ya se creen unos adultos. Comienzan a tener vida propia y tienen que enfrentarse a responsabilidades para las que todavía no están preparados. Son nuevas situaciones y todavía no han aprendido a desenvolverse en ellas. Se abre una nueva vida para ellos que todavía no saben manejar, y en lugar de acercarse a los buenos consejos que como padre o madre puedes ofrecerle, a veces parece que te conviertes en su principal enemigo, en su rival a batir. Allí donde tú le prohíbes algo por su bien, ellos piensan que disfrutas fastidiándolos. Y ni se te ocurra intentar explicarles que tú ya has pasado por eso y no quieres que cometan los mismos errores, porque entonces, con su suprema inteligencia por la que creen saberlo todo, se creerán lo suficientemente listos como para despreciarte a ti y a tus consejos.

Y en esa búsqueda de independencia, con la rebeldía propia de la edad, sientes que cada vez te comunicas menos con ellos, que se encuentran cada vez más y más lejos de ti. Y se disparan todas las alarmas del pánico.

¿Cómo van a sobrevivir por sí mismos en un mundo en el que todavía no tienen la madurez necesaria para tomar decisiones correctas?

Entre lo poco que te dejan intervenir y el nulo caso a tus consejos (que ellos siempre entenderán como órdenes), el apocalipsis se despliega en todo su esplendor: discusiones diarias, suspensos, drogas, sexo inseguro, abuso escolar... Y entonces, ¡código rojo! ¿Qué puedes hacer para ayudarlos con todos esos problemas en una edad en la que están intratables?

Es cierto que están en una etapa de cambios constantes y de nuevas exposiciones a peligros que pueden generar la sensación de que es imposible controlarlos, y eso lleva a un miedo y a una ansiedad a los padres y madres que se ven incapaces de afrontar estos problemas. Pero, a pesar de esa caótica «edad del pavo», hay algunos métodos y acciones que, a través de mi experiencia en el trato con adolescentes, he podido contrastar que son eficaces para mantenerlos dentro de unos márgenes de seguridad en su desarrollo natural.

Puede que no exista un mando de control remoto para controlar a los adolescentes, pero en este libro recopilo las acciones y los trucos más destacados para que tú puedas convertirte en ese control que lleve a tu hijo o hija adolescente por el buen camino para superar esta etapa con éxito y de un modo positivo para ambos.

1.
Entender la adolescencia

Empezar este texto con el propósito de entender a los adolescentes es un objetivo, cuanto menos, pretencioso. Hacer un manual que permita comprender el comportamiento de estos adolescentes que hacen su viaje natural entre la infancia y la edad adulta supondría poner en jaque la mitad de los bosques del planeta. No hay papel suficiente para explicar todo lo que significa la adolescencia.

Y es que, al igual que no hay dos personas iguales, no hay dos adolescentes iguales.

Esta etapa de la vida, caracterizada por los cambios permanentes, está cargada de una imprevisibilidad tal que, si consiguiéramos crear un manual de instrucciones para entender a nuestros hijos, este quedaría obsoleto en un abrir y cerrar de ojos. Esta etapa hace que un día el adolescente se parezca más a un niño, y al siguiente a un adulto. Y uno nunca sabe cómo tratarlos. ¿Los seguimos protegiendo como los niños inocentes que son o los respetamos por ese crecimiento personal y esa presunta responsabilidad que van adquiriendo? Pues ni lo uno ni lo otro. Hay que entender que la adolescencia es una etapa especial, un rompecabezas al que siempre le falta una pieza, un mapa que hay que saber leer sin brújula, un cóctel que siempre tiene un ingrediente secreto. Nuestros hijos no son robots, y si lo fueran, los cambios que provoca esta nueva etapa en su vida los harían actuar como si tuvieran un cortocircuito tras otro.

Eso no significa que haya que izar la bandera blanca, rendirse, someterse a la tiranía de estos nuevos seres embravecidos ni excusarse bajo la premisa del caos personificado que son para mantenerse de brazos cruzados. Si bien es cierto que cada adolescente actúa y se ve influenciado por esta etapa de manera diferente y única, sí hay varios aspectos que conviene conocer y que, si detectamos a tiempo y actuamos de una manera adecuada, nos harán creer en ese milagro que es tener el control sobre nuestro hijo o hija adolescente.

No en todos aparecen los mismos signos, pero estos sí son frecuentes y genéricos y podemos convertirlos en herramientas a nuestro favor en esta batalla de la que a veces es difícil salir airoso. Así que vamos con unas cuantas pautas que nos ayudarán a entender a nuestros hijos adolescentes y alejarnos del conocido dicho: «De pequeños son tan tiernos que te los comerías, y cuando crecen te arrepientes de no habértelos comido».

La etapa de la rebeldía

Ya decía Platón que el mejor método de aprendizaje entre las personas es la discusión, pero entendiéndola como un intercambio de pareceres productivo y enriquecedor, no como una batalla campal en la que tirar los trastos a la cabeza de tu interlocutor. Y es que tratar con adolescentes es una cosa que requiere de mucha filosofía.

En la mayoría de los casos, hablar con un hijo o hija adolescente se parece más a entrar en combate que al acto de comenzar una conversación. Pareciera que uno tuviera que ponerse el casco y el chaleco antibalas para salir indemne de tal tarea. Y ocurre así porque los adolescentes suelen tener el cargador de las palabras lleno de rebeldía.

¿Por qué siempre parecen estar tan a la defensiva? La adolescencia es la etapa en la que empiezan a sentirse libres. Comienzan a ser autónomos en la mayoría de sus tareas, empiezan a tomar sus decisiones, a realizar actividades sin la presencia de los padres. Y solo cuando uno es libre, puede entender lo que significa perder esa libertad. Subconscientemente, su cerebro les está diciendo que es la hora de vivir por sí mismos. ¿Cómo han podido estar tanto tiempo bajo la batuta de otra persona? Por ello, cada instrucción que reciban, aunque sea bien intencionada, será interpretada como un robo a su libertad. ¡Necesitan decidir por sí mismos! Solo con ese proceso experimental podrán conocer su propio interior. Están conociendo el libre albedrío y sus consecuencias. Y eso hay que comprenderlo.

Es por eso que, retomando el consejo inicial, hay que acostumbrarse a sugerir más que a ordenar. En lugar de decirle: «A las diez de la noche tienes que estar en casa», habría que sugerirle que a esa hora debería estar, argumentando nuestra opinión, y apagaremos ese fuego que es la rebeldía si además le pedimos la suya al respecto.

Si impones la norma, buscará su propia excusa para mantener la codiciada libertad que le está ofreciendo esta etapa: «Es que todos mis amigos se quedan hasta más tarde». Y sus réplicas no hay que desestimarlas, pues es ahí donde empieza el proceso de negociación. Tienes que exponer tus argumentos, explicarle que es la primera vez que se está quedando hasta tan tarde y que tiene que demostrar que es responsable, y que si lo hace, poco a poco se irá ganando que se estire la hora de recogida. Un tira y afloja. No le estás imponiendo que vuelva a esa hora atacando su libertad, le estás diciendo que tiene que ganársela. Ya no eres su carcelero, sino la persona que le está ofreciendo ganarse sus beneficios. Si haces que el proceso de negociación se repita en cada una de las complicadas decisiones y le permites desfogarse mediante el uso de su inteligencia, no utilizará ese lanzallamas que es su rebeldía adolescente. Pero mucho ojo, eso no significa que cedas a ella haciéndole creer que tiene poderes que no merece.

Para no avivar la rebeldía propia de la adolescencia,
trata de negociar en lugar de imponer.

Más vale pronto que tarde

Hay temas propios de la adolescencia de los que hay que hablar con nuestros hijos que, reconozcámoslo, tratamos de postergar por temor a no saber cómo hacerlo, miedo a no tratarlos bien o incluso por timidez. Parece que nos dé miedo abordar temas adolescentes porque nuestros hijos nos mirarán con vergüenza. «¿Qué hace un carca como mi padre hablándome sobre sexo?», creemos que pensarán. Pero ya está bien de ponerse excusas, ¿quién es el adulto aquí?

Lo cierto es que hay temas que pueden resultar incómodos de abordar con nuestros hijos, pero a la vez extremadamente necesarios: sexo, drogas, ciclo menstrual, poluciones nocturnas... La mayoría de los padres prefiere evitar la confrontación y dejar que los adolescentes lo descubran por sí mismos, o delegar en los centros escolares, y no hace falta decir que eso es un gran error.

Aunque hoy en día los jóvenes tienen acceso a una mayor información que en nuestros tiempos debido a Internet, eso no significa que todo lo que puedan aprender ahí sea de calidad. Si no hablas con ellos, jamás podrás filtrarles los millones de sandeces que pueden llegar a aprender sobre el tema con las fuentes inadecuadas.

Internet es una gran fuente de información, pero también una gran fuente de desinformación llena de mitos y falsas noticias.

Por otro lado, retrasar estos temas no hace ningún favor a ninguno de los dos. Por un lado, el hecho de evitarlos hace que se les dé más importancia. Causa la sensación de ser tan impresionantes que tienen el poder de dominarnos. En cambio, tratarlos con naturaleza hace que se le reste intensidad. ¿Acaso tiemblas cuando le preguntas a tu hijo si quiere un refresco de limón o de naranja? Pues trata estos temas de igual manera. Son procesos naturales y como tales han de ser abordados.

Además, tratarlos con naturalidad y cuanto antes mejor hará que tu hijo o hija no se sienta estúpido con sus amigos al ser el único que todavía no ha recibido información sobre diversos asuntos que, nos guste o no, van a ser los temas estrella en las conversaciones con sus compañeros. Asúmelo, no hablar de ellos no hará que no los conozcan; al contrario, serás tú quien no sepa cómo los afronta.

No conviertas en tabú algunos temas adolescentes omitiéndolos; habla cuanto antes de ellos con tus hijos para que los interioricen con naturalidad. ¡No hay nada que esconder!

Tus hijos son perfectamente imperfectos

Uno de los factores que hacen que los adolescentes sean inestables y que su comportamiento cambie constantemente es su inseguridad. En esta etapa comienzan a caminar por la vida solos, y eso da miedo. Su subconsciente lo sabe, y las emociones se disparan, tratan de guiarlos mediante esas señales luminosas que son sus sentimientos a flor de piel.

Esa inseguridad provoca que muchas veces actúen de una manera que no logramos entender. Muchas cosas que como adultos bien pueden parecernos tonterías, a los adolescentes pueden causarles traumas, temores o incluso depresiones. Están en una nueva etapa, todo es nuevo para ellos, y por eso son extremadamente sensibles.

Por eso, cuando tengan algún comportamiento extraño, hay que partir de la base del conocimiento de que en su personalidad, aún por definir, hay muchas hormonas y comportamientos cerebrales nuevos que están siendo puestos a prueba. ¿Has visto conducir a alguien una bicicleta por primera vez? Hace movimientos extraños, imprevisibles, porque está aprendiendo a hacerse con el control del vehículo. Los adolescentes se encuentran, sin quererlo, dentro de un nuevo vehículo que es su cuerpo y su mente, y eso los hace actuar a veces de maneras difícilmente explicables.

Y eso va a dificultar aún más tu tarea de tratar con ellos. Para manejar un mecanismo hay que comprenderlo, y... ¿cómo vas a entender cómo funciona tu hijo si ni siquiera él mismo lo sabe?

En este sentido, hay algo que como padre o madre puedes hacer: conseguir que mejore la confianza en sí mismo y se sienta más seguro. Si minimizas esa incertidumbre a la que está expuesto, sus pasos serán más seguros, lógicos y... comprensibles.

Y que sea menos inseguro no se consigue escondiendo sus miedos y defectos. A nadie le gusta reconocer que su hijo o hija tiene puntos débiles, que los tiene. Pero no le haces un gran favor si tratas de decirle que no tienen importancia y para no dañarlo evitas hablar sobre ello. La fortaleza no consiste en no tener debilidades, sino en asumirlas con normalidad y esforzarse por minimizarlas. Es cierto que decirle a tu hijo o hija cosas que tiene que mejorar puede afectarlo moralmente, pero es necesario para que desarrolle esa resiliencia que va a ayudarlo como joven y como adulto. Aprender a quererse y a reconocerse es un proceso que hay que practicar. Como todo, cuesta al principio, pero, cuanto más se demore, más daño se acaba generando en un futuro.

También debes potenciar sus virtudes para mantener un equilibrio. A todos nos gusta escuchar lo buenos que somos en algo, y los adolescentes, que parecen bañados en un halo de narcisismo, todavía lo agradecen más. Pero también aquí hay que ser comedido: reconocer una fortaleza es útil para ser más eficaz en muchos aspectos, pero ponerla como el centro del universo hace perder la perspectiva y se corre el riesgo de enviar a tu hijo o hija a un universo mental mágico alejado de la realidad.

Los adolescentes viven rodeados de una inseguridad que los hace actuar de manera imprevisible y que puedes minimizar ayudándolos a aceptar sus defectos y a hacer buen uso de sus virtudes.

Nosotros también fuimos adolescentes (aunque no te acuerdes)

«Los adolescentes de hoy en día son cada vez más insoportables. ¡En mis tiempos no éramos así!» Esas son las afirmaciones estrella cuando un grupo de gente que dejó la adolescencia hace mucho tiempo se reúne. Y puede que tengan razón. Al fin y al cabo, los entornos cambian y estos afectan al desarrollo de los jóvenes. Pero que éramos irremediablemente incomprensibles, eso es cierto. Aunque no lo recordemos (o no queramos admitirlo).

Es difícil valorar algo desde una personalidad formada como es la de un adulto. La experiencia, el aprendizaje y, por qué no, la cabezonería propia del paso de los años nos hacen creer que somos capaces de comprender todo a nuestro alrededor, y que en consecuencia todos deberían hacerlo, aunque no tengan edad para ello. Pero todos tuvimos nuestra etapa de incertidumbre e inseguridades.

Ojalá existiese una máquina del tiempo para vernos a nosotros mismos en nuestra edad adolescente, pero, como no la hay, solo hay una cosa que podemos hacer para entender a los adolescentes: desarrollar nuestra empatía. Cada persona ve el mundo con sus propios ojos, y los nuestros solo nos ofrecen una percepción más de las que ofrecen los seis mil millones de pares que hay en el planeta Tierra.

Y reconozcámoslo, los ojos de un adolescente son muy especiales, tienen ese brillo emocional que distorsiona la realidad, y de qué manera. No podemos pedirles que tengan la seguridad y la experiencia que tenemos nosotros, pero vamos a tener que intentar ver a través de esa mirada sensible si queremos comprenderlos. Saber por qué hacen lo que hacen nos permitirá disponer de más argumentos para corregir sus comportamientos y no comportarnos de manera excesivamente imperativa.

Empatiza con tu hijo e intenta ver la vida con sus ojos para comprender su forma de actuar.

Déjale cortar el cordón umbilical

La adolescencia es una etapa muy complicada, y nuestro instinto como padres es intentar proteger a nuestros hijos de ella y sus dificultades. Pero, a veces, estar encima de ellos puede provocar el efecto contrario al que buscamos. El adolescente va a cometer errores porque estos son inherentes a todo proceso de aprendizaje, y él está aprendiendo a ser un adulto. Así es como nos desarrollamos, mediante el ensayo y el error. Privarlos de este aprendizaje los mantendrá eternamente en la niñez. El amor paternal todo lo puede, y si pudiéramos eliminar todo rastro de sufrimiento de sus vidas, lo haríamos. Pero la personalidad se forma a base de golpes. Ojalá esta pudiera hacerse fuerte entre algodones, pero no es así. Nos dolerá ver a nuestro hijo o hija sufrir un desamor, o una pelea con un amigo, o sentir cómo se deshace un sueño para el que sabíamos que no estaba preparado, pero tenemos que ser conscientes de que eso los hará más fuertes en el futuro. El roce hace el callo, y eso también se aplica al alma.

Tampoco podemos estar encima de ellos en una época en la que la libertad y la independencia les hace sentir que todo lo pueden. Aunque sepamos que se van a estrellar. Hay veces que evitar que hagan algo porque sabemos que es un absoluto error solo hará que nuestros hijos nos odien por ser unos carceleros ahí donde nosotros nos veíamos como unos salvadores. La experiencia solo se gana, precisamente, mediante experiencias. Puedes sugerir, en lugar de prohibir. Puede que así no evites el daño, pero sí querrán tener tu mano cerca para levantarse. De otra manera, verás cómo se alejan cada vez más y más de ti.

El rol que los padres de adolescentes deben tomar es el de ser su «paracaídas». Dejar cierto margen de libertad para que puedan experimentar esa curiosidad adolescente, pero transmitir el mensaje: «Si te caes, si te equivocas, yo voy a estar aquí para sostenerte, para ayudarte». Y que se les transmita ese sustento es vital para su seguridad emocional.

Y, por otro lado, también está su derecho a la intimidad. Los adolescentes tienden a ser muy retraídos, y más aún con sus padres. Necesitan hacer cosas por sí mismos, su corazón bombea independencia porque tienen que convertirse en unos adultos autosuficientes. Permíteles sus momentos de soledad, no indagues en sus asuntos. Practica la confianza como método de acceso a sus problemas. Una buena comunicación evitará que tengas que estar investigándolos continuamente. Estar detrás de ellos constantemente solo hará que se enfaden cada vez más; conociendo la irascibilidad de esta etapa, ¡no la fuerces! Eso no significa que no tengas un control de determinados medios como Internet o sus redes sociales, en las que primero han de demostrar que merecen su independencia.

Proporciona una sana intimidad e independencia a tu hijo; por poco que te guste, tendrá que cometer errores para aprender.

2.
Una nueva relación

Mantener una relación cordial y efectiva con un hijo o hija adolescente es una de las tareas más complicadas para los padres. Cuando hay que comunicarse con esos adolescentes que están siempre a la defensiva y son poco receptivos a conversar, uno sabe que «algo va a ocurrir». Aunque se intente dialogar de manera apacible y sosegada, la constante sensación que se tiene es la de estar desactivando una bomba sin saber en cada momento si se está cortando el cable adecuado o no: una palabra equivocada y la conversación puede estallar por los aires, incluso aunque la intención solo sea dar los buenos días.

Tal es la dificultad de mantener un diálogo fundamentado en la comprensión y el respeto mutuo que a veces parece que padres e hijos hablen distintos idiomas. Uno puede intentar darle un consejo con cuidado y con bondad, que el hijo o hija siempre acabará interiorizándolo como una orden más de sus «cansinos» padres que siempre le están diciendo lo que tiene que hacer. A veces, reconozcámoslo, nos entendemos mejor con el dueño del bazar de la esquina, aunque este sea chino y no entienda ni una palabra de español.

¿Por qué ocurre esto? ¿Por qué un adolescente siempre reniega de sus padres? ¿Qué es lo que genera esa incomodidad entre ellos? Es imprescindible comprender cómo funciona la relación entre padres e hijos, pues solo entendiendo las bases de este tipo de relación especial será posible aplicar las medidas necesarias para acabar con las interferencias que evitan los acercamientos entre ellos. Si no se consigue una comunicación adecuada, parecerá que los miembros de la familia vivan en universos distintos, por mucho que habiten la misma casa. No se trata de hablarles en plan «hola tete», «eres mi meja» o «te *follow* en el Insta», pero sí es necesario adoptar unas características comunicativas para poder movernos en sus ondas. Para ello, vamos a abordar los puntos más importantes para establecer una relación sólida, afectuosa y eficaz.

Aprende tú para poder enseñarle a él

Uno de los grandes errores de los padres es pensar que sus hijos tienen que hacerles caso por el simple hecho de haberlos traído a este mundo, y convierten la relación con ellos en una especie de mandato-obediencia. La autoridad del «porque sí» funcionaba en un entorno ya antiguo en el cual se confundía educación con adiestramiento. Hace mucho tiempo, o al menos el suficiente, se obedecía por temor. Pero los tiempos de la zapatilla como medio de instrucción quedaron atrás. Medio que, por cierto, tampoco asegura una relación cordial: simplemente establece un falso orden bajo la sumisión.

Esto no significa que no haya que incorporar la disciplina y la autoridad en la relación entre padres e hijos, todo lo contrario, sino que hay que hacerlo con métodos igualitarios y justificados, de manera que el adolescente pueda comprenderlos. Ojo: lo que tú consideras justo puede no serlo para los hijos. Así que, para complicar más el asunto, tendrás que saber cómo funciona el cerebro del adolescente (sí, ese cóctel indescifrable), para conocer qué es lo que considera justo y lo que no, y saber en qué términos puedes negociar para comprenderlo y equilibrar esa difícil balanza entre comprensión y educación.

¿Y cómo puedes adivinar cómo piensa un adolescente? Es muy complicado, porque cada uno de ellos es diferente, y el entorno que tanto los influencia cambia tan rápido como su edad, y cuando parece que ya empiezas a entender las instrucciones para tratar con él, descubres que al día siguiente es un chico o una chica completamente diferente. Sí, la adolescencia y sus cambios drásticos tienen ese humor de, a menudo, hacer que parezca que tienes un extraño en casa. Es casi imposible conocer a un hijo por completo y saber lo que quiere, pero hay métodos más eficaces que preguntarle a una bola de cristal. Lee libros sobre la adolescencia, lee blogs especializados, habla con otros padres, escucha a profesionales... Lo que sea, pero aprende a comprenderlos. Nunca te va a salir bien un determinado plato de cocina si no estudias antes la receta. Puedes, incluso, y se entiende que esto es un poco ceder a la locura, preguntarle a tu propio hijo o hija para intentar saber qué siente y necesita. Es cierto que suelen ser bastante opacos respecto a sus sentimientos y sensaciones con sus progenitores, pero es una puerta que no hay que cerrar del todo. Muchos padres ni siquiera se preocupan por lo que pasa por sus cabezas.

Infórmate todo lo que puedas sobre adolescentes para entenderlos y poder comunicarte con ellos con un punto de vista que incluya sus sentimientos.

Selecciona tus prohibiciones

No se puede estar diciendo que **NO** a todo. Los padres tienden a abusar de la negación, en ocasiones para seguridad de sus hijos, en otras por su propio criterio. Un claro ejemplo: ¿cómo actuarías si tu hijo de repente dice que se quiere tintar el pelo de azul o verde? Salvo que seas uno de esos padres modernos, te echarías las manos a la cabeza. Y la respuesta en la mayoría de los casos pasaría a ser: «Déjate de tonterías». Si el hijo da mucha batalla con que quiere hacerlo, la conversación acaba tensándose y finalmente se le acaba prohibiendo: «Que te he dicho que no, y punto».

Está bien prohibir, en muchos casos es necesario imponer ese raciocinio que escasea en los adolescentes, pero hay que tener cuidado con la frecuencia y la intensidad de las prohibiciones. Con cada **NO** que le muestras a un hijo, alimentas su rebeldía y tensas un poco más la cuerda que os une.

Para que esta no termine por romperse, hay que ceder en determinadas ocasiones, siempre en ese perfecto equilibrio que haga que tampoco la soltemos del todo. La solución es «sencilla»: prohíbe solo las cosas estrictamente necesarias. ¿Va a ocurrir algo si se pone el pelo de un color estrafalario? Bueno, puede que por la calle lo miren mal, incluso que alguien se mofe de su estilo, y eso a ti como padre o madre obviamente te dolerá. Pero no va a causarle un daño irreparable.

Deja que tome sus decisiones en aspectos inocentes. Eso te hará demostrar tu confianza en él, acercará posturas. El NO permanente te aleja de tu hijo o hija, ya que al final siempre tienen la sensación de que les decimos que NO a todo y que disfrutamos con ello. Pero, sobre todo, reservar las negaciones para las prohibiciones verdaderamente importantes (temas de alcohol, drogas, peligros reales...) hará que estas tengan sentido. Elige tus batallas. Si aciertas con la verdadera necesidad de la prohibición, tu hijo o hija lo entenderá. Sin embargo, si siempre estás contra él, lo único que integrará es que lo haces de manera automática, sin un criterio lógico. Así, cuando entienda que lo haces bajo un punto de vista comprensible y que no le prohíbes las cosas simplemente para fastidiar, te tendrá como una referencia sólida que se preocupa por él y no como un dictador.

Limita tus negaciones a asuntos verdaderamente importantes para que estén justificadas.

Escúchalos, aunque te parezca que digan tonterías

Uno de los motivos por los cuales los hijos dejan de hablar con fluidez con sus padres es porque en algún momento comenzaron a sentir que no eran escuchados. No ya comprendidos, lo cual ya sería un hito, sino simplemente escuchados.

¿Cuántas veces un padre ha mirado hacia otro lado cuando su hijo le está hablando del Fortnite (videojuego de moda, para los que hayáis tenido la suerte de escapar a esa epidemia y no os suene el término), o se ha limitado a asentir sin prestar atención para hacer como que le escucha cuando habla de «sus cosas de críos»? Los adolescentes tienen intereses distintos a los de los adultos, están sumergidos en modas que sus padres no conocen, y esto hace que sus propios padres sientan pereza de escucharlos hablar de cosas que ni les van ni les vienen. Pero después se quejan de que estén tantas horas delante de la videoconsola o en las redes sociales, en lugar de molestarse en comprender los motivos que los llevan a tal actitud.

Esta comunicación que os dan de repente, sin planificar, sobre temas que al adolescente le parecen importantes, pero al adulto le parecen irrelevantes, no hay que dejarla escapar. Por ejemplo, cuando os cuentan que un amigo se ha cambiado el corte de pelo, o cuando os cuentan el último cotilleo de *Operación Triunfo*, y que lo hacen seguramente en un mal momento. Hay que dejar de hacer lo que estáis haciendo y escucharlos, dar importancia a lo que os están contando a través de la escucha activa. Si dejáis escapar esa comunicación, posiblemente no van a volver a contaros ninguna anécdota más.

Este efecto de indiferencia al propio hijo o hija se acentúa si el adulto está en compañía de otros adultos y este viene a hablarle de cosas de moda entre los adolescentes. Entonces, el adulto, para preservar su madurez, intenta hacer como que no entiende del tema porque, claro, reconocer que está al día en cosas de críos supondría una vergüenza irreparable para su persona. Y el resultado es que el hijo o hija siente que habla solo o que ha hecho algo inadecuado. ¿Quién es el adolescente ahora?

Otro motivo por el cual no se le presta atención a un hijo o hija cuando habla de temas que consideramos infantiles o improductivos para él es para no alimentar ese apego por cosas que consideramos que no debería tener. «Si no le presto atención cuando me habla de esa aplicación de móvil tan estúpida con la que pierde el tiempo, se acabará olvidando de ella.» Sí, es cierto, dejará de hablar de ella, pero contigo. Lo hará con sus amigos, y habrás perdido la oportunidad de simpatizar con él y poder decirle, poco a poco y sutilmente, por qué no le conviene o cómo podría utilizarla de mejor manera.

Tienes que prestar atención a todo lo que diga, siempre con el chip activado de que, aunque te pueda parecer la mayor estupidez del mundo, para él en ese momento de su vida es algo importante. Haz que la conversación fluya, que entienda que está siendo escuchado e incluso que te interesa. En ese momento puedes aprovechar para hacer preguntas sutiles que él integrará como interés por tu parte, cuando realmente en tu plan de estratega malévolo de adulto lo que haces es conseguir información para ver qué hace o deja de hacer a tus espaldas. Prueba incluso a ser tú el que saque el tema en ocasiones, le brillarán los ojos cuando vea que eres el que da pie a sus temáticas favoritas. Pregúntale, por ejemplo, sobre su serie favorita, o incluso proponle verla juntos para poder comentarla.

Porque, si no lo haces, la decepción hará que cada vez te busque menos en sus conversaciones. La comunicación se irá apagando y se quedará en meras interferencias. Si ya has llegado a esa fatídica posición, prueba a decirle un «te escucho». Verás que se queda en blanco, pensando que ha sucedido un milagro. Seguramente, por lo inesperado del asunto te acabe respondiendo con un «pues ahora no quiero hablar» rebelde. Pero sigue insistiendo con esa predisposición, y, cuando normalice tu interés, verás cómo la fluidez vuelve a la comunicación.

*Escucha a los adolescentes por muy poco interesantes
o improductivas que puedas considerar sus conversaciones
y da muestras de tu atención, o acabarás perdiendo
la comunicación con ellos.*

El silencio a veces puede decir mucho

En muchas ocasiones, un adolescente puede necesitar la ayuda de sus padres, pero no encuentra la manera de pedirla y prefiere permanecer callado. A lo largo de su vida, le han estado bombardeando con presiones, reproches, castigos, y hasta puede que en alguna ocasión gritos, cuando ha hecho algo mal. Así que lo último que espera de sus padres es que, cuando les diga que «la ha cagado», estos le respondan con un «tranquilo, estamos aquí para ayudarte».

Recordemos que se encuentran en esa etapa de su vida en la que están descubriendo cosas nuevas, experimentando, es la primera vez que tienen cierto grado de libertad... ¡Es normal que cometan errores! Hacen cosas que son de escándalo. Por eso, muchos padres, cuando sus hijos les confiesan alguna equivocación o que se han metido en algún lío, les replican diciéndoles que encima son estúpidos por haber llegado a ese punto. ¿Cómo quieres que pidan tu ayuda si van a sentirse menospreciados si lo hacen?

Eso, junto a otros temas (como la incomprensión o la sensación de que no son escuchados que ya hemos comentado), hace que tengan miedo a hablar y que no lo hagan cuando realmente lo necesitan.

La primera señal que nos alertará de que ocurre algo así es que adquirirá un comportamiento más retraído de lo normal, algo apagado. Si esto ocurre, habrá que estar atento a cualquier intento de comunicación frustrada por su parte. Puede que hablen de sus problemas en tercera persona, diciendo que se trata de algún compañero, o que hagan preguntas fuera de contexto... También sus búsquedas en Internet nos pueden decir mucho, ya que será una de sus principales fuentes de consulta, aunque en ese caso habrá que tener cuidado de no exceder los límites de su intimidad.

Lo ideal es que exista una relación en la que el adolescente no tema expresar sus preocupaciones. Eso se consigue a través del tiempo escuchándolo, no siendo desproporcionado con los castigos y las reprimendas, haciéndole comprender que somos sus ayudantes y no unos frustrados generales del ejército... La confianza se gana con el tiempo, y hay que sembrarla día a día si no queremos cosechar su mutismo.

Pero, si esta confianza no ha sido bien gestionada, lo que se puede hacer es incluir a modo de rutina preguntar a todos los miembros de la familia a diario, o cada cierto tiempo, cómo se encuentran. Por ejemplo, a la hora de comer, alguien podría preguntar al resto de los familiares si están bien o si tienen alguna preocupación. La primera vez puede resultar extraño, pero si se normaliza en forma de hábito, el adolescente sabrá que tiene esa opción para expresarse, y puede que en ese momento lo pille por sorpresa, pero antes o después la utilizará para desahogarse.

Hay veces que los adolescentes necesitan hablar, pero no se atreven a ello; hay que detectar esos momentos y facilitarles la posibilidad de pedir ayuda.

No eches más leña al fuego con tus nervios

¿Recuerdas eso de que los adolescentes siempre están a la defensiva, en un permanente estado de rebeldía? Bien, pues además de recordarlo ahora que estás cómodamente leyendo un libro en estado de relajación (posiblemente con una copa de vino), acuérdate también cuando entres en estado de confrontación con tu hijo o hija.

Los gritos, las malas maneras, los nervios, la desesperación y todos aquellos sentimientos que convierten una conversación en una batalla campal son los peores enemigos para mantener una comunicación cordial y efectiva.

Tu hijo o hija adolescente te va a sacar de quicio una y otra vez con sus peticiones, con sus acciones más allá de toda lógica y decencia, va a hacer mil cosas que desearías que no hiciera y que van a despertar a un monstruo en tu interior. Pero no tienes que ceder a estas provocaciones, que en la mayoría de los casos no son intencionadas, solo son producto de esa explosiva etapa de la vida que está viviendo tu hijo o hija. No se enfrentan a ti para fastidiarte adrede, son sus propios conflictos internos entre esas ganas de independencia y esa inseguridad los que los llevan a la confrontación con los padres.

Lo ha hecho mal, es cierto. Se merece que le digan cuatro cosas. Pero ¿de verdad piensas que por más fuerte le hables o por más dureza imprimas a tus palabras más caso te va a hacer? Optar por la agresividad activará dos claros escudos en su mente adolescente: el de sentirse estúpido porque así estás haciendo que lo parezca y el de la privación de independencia que le dirá que no tiene por qué estar aguantando esa situación.

Hay que neutralizar esas dos respuestas instintivas adolescentes. Y eso se hace con calma. Cuenta hasta diez antes de volar por los aires toda vuestra confianza (bueno, si la ha liado muy gorda, puede que tengas que contar hasta cien). Pero habla con tranquilidad. Déjale expresarse, escúchalo, pídele argumentos y rebátelo. Que sienta que puede explicarse. Que sienta que sus palabras son valiosas. En definitiva, que se sienta inteligente. Así acabas con el primero de sus escudos, ese que se activa al sentirse vulnerado por las tantas veces que le has dicho lo torpe que es con cada error que ha cometido.

Has ganado una batalla, pero ahora empieza la guerra. Le has dejado explicarse, y ahora te toca rebatir sus excusas, no con intención (otra vez) de demostrarle que siempre se está equivocando, sino con el objetivo de que aprenda de su error, que a través de tus palabras sea él mismo el que reconozca que tenía que haber hecho las cosas de otra manera y que actuará para arreglar todo aquello que ha estropeado. Él soluciona sus cosas gracias a tu ayuda, llevándose de paso un productivo aprendizaje, y tú te ahorras una buena afonía por los gritos que no has necesitado darle.

Evita los gritos, las malas formas y la agresividad en las conversaciones; los argumentos, tanto tuyos como suyos, son las dos piezas que tienes que utilizar para que aprenda de sus errores y los resuelva.

3.
Mitos sobre la adolescencia

Uno de los peores enemigos a la hora de tratar a nuestros hijos son los mitos sobre la adolescencia. No hay peor manera de intentar interactuar con ellos que hacerlo con ideas preestablecidas que hacen que los tratemos a todos iguales, cuando lo cierto es que más distintos entre sí no pueden ser.

Pregúntale a una madre de quintillizos en edad adolescente si todos sus hijos se comportan igual. Si tiene fuerzas para contestarte tras cada agotadora jornada enfrentándose a cinco rebeldes en casa, te dirá que cada uno pareciera que es de un padre distinto. A pesar de que todos son educados de la misma manera, con las mismas normas, cada uno responde a ellas de distinta forma.

Además, ¿cómo van a comportarse de la misma manera si precisamente se caracterizan por su inestabilidad? Son un saco de emociones y sensaciones que se combinan entre sí multiplicando las distintas formas de manifestarse. Es más fácil acertar la lotería que averiguar cómo se va a comportar un adolescente. Mucho más fácil.

Por lo tanto, actuar bajo creencias falsas y generalistas hará que cometas errores en el momento de dirigirte a ellos. Es como si intentaras montar un mueble de Ikea con un folleto de instrucciones erróneo. Así pues, vamos a conocer algunos mitos para que no caigas en el error de encuadrar a tus hijos en ellos (antes de comprobarlo, al menos).

La adolescencia es una etapa tormentosa

Es cierto que los adolescentes se enfrentan a situaciones nuevas que los afectan de manera muy sensible, que son bombas a punto de detonar buscando emociones fuertes, y que pierden la percepción del peligro y la responsabilidad... Pero que no cunda el pánico. La mayoría de los estudios confirman que menos de un 20 % de ellos pasan por alguna situación realmente peligrosa.

Así que lo primero es tranquilizarse. Lo normal es que nuestro hijo o hija adolescente supere esta etapa sin problemas mayores. En cambio, todos los padres creen que sus hijos van a volver drogados a casa, o que van a acabar en la cárcel, o que se van a convertir en protagonistas del programa *Hermano mayor*, o que van a acabar envueltos en mafias o vete tú a saber qué otras consecuencias que al fin y al cabo solo son producto de la imaginación de los padres, en la mayoría de los casos.

De estos estudios se infiere que la preocupación de los padres siempre supera la realidad. La mayoría de los adolescentes tienen buenas relaciones con sus padres en general, estudian dentro de sus posibilidades y tienen inquietudes sanas. No empecemos a ver fantasmas donde no los hay, porque contagiar esta incertidumbre a los hijos los hará (todavía) más inestables, y los haremos más propensos a esas cosas que solo están en nuestras cabezas. Si le repites cien veces que no haga una cosa que igual ni la ha pensado en la vida, estás haciendo que la conozca, e incluso que le interese bajo ese halo de prohibición.

La mayoría de los adolescentes superan esa etapa con normalidad; los problemas son la excepción. Compórtate con tranquilidad y evitarás crearlos.

La mente adolescente no es (tan) inestable

La falta de personalidad y experiencia hace que la mente de un adolescente sea como una ruleta: un día le hace actuar como la persona más fuerte del mundo y al siguiente puede parecer que esté al borde de la depresión. Sin embargo, los estudios afirman que no es cierto que en la adolescencia aparezcan más cambios emocionales. Si bien estos son distintos debido a variaciones nerviosas y hormonales, lo cierto es que es una etapa con un descontrol emocional mucho menor que la niñez.

El adolescente está madurando y empieza a controlar sus reacciones emotivas. Viene de una etapa infantil en la que son más variadas y más intensas, y conforme crece van disminuyendo. El hecho de que creamos que sus pájaros mentales aumentan es un simple problema de percepción: nos cuesta creer que todavía hay un niño bajo ese chico que ya es más alto que nosotros y que ha desarrollado una notoria pelambrera bajo los sobacos, o bajo esa chica que se maquilla más que nosotras y ya se depila.

La versatilidad emocional no deja de ser más que los restos de ese pequeño gran niño o niña que está dejando atrás en el proceso de desarrollar su propia personalidad para darle cierta estabilidad a sus pensamientos. ¿Qué significa esto para los padres? Lo primero, que hay que entender que, aunque estos cambios sean más llamativos, son absolutamente normales. Y lo segundo, que sigue habiendo un niño o una niña dentro de ese pequeño hombre o esa pequeña mujer. Un niño, además, expuesto a entornos y experiencias más amplios. Por lo tanto, hay que actuar de manera que entendamos que «todavía está en proceso de dejar la niñez» en lugar de decir que «a esta edad se vuelven tontos». Lo primero significa que vamos a ayudarlo en esa transformación, a facilitarle ese paso emocional que va de más a menos. El segundo enfoque es más despreciativo, decir que está atontado es como asumir que ha perdido unas facultades que todavía no tiene, así que romper ese mito es imprescindible para no tratarlo con la infravaloración de pensar que actúa de manera estúpida, sino con el apoyo al crecimiento al que tiene que enfrentarse.

Un adolescente es un niño que todavía no ha terminado de transformarse, no un adulto que se ha vuelto estúpido; ayúdalo a crecer en lugar de reprenderle por una personalidad que aún no está formada.

Están todo el día locos por culpa de las hormonas

Es cierto que los niveles hormonales cambian en la etapa adolescente y que eso los lleva a tener comportamientos y reacciones distintos, pero de ahí a que se transformen en seres distintos cual superhéroe picado por una araña hay más de un paso.

Cuando eran niños tenían también sus rabietas, enfados, comportamientos explosivos, y no disponían de las hormonas que se cuecen en su sangre en esta etapa adolescente. La respuesta no deja de ser la misma. En lo que sí intervienen estas hormonas es en las situaciones que van a desencadenar estos nuevos comportamientos.

Antes, el niño se cabreaba porque quería un helado de chocolate y no se le concedía o lloraba porque los Reyes Magos no le habían traído lo que quería. Ahora, el adolescente se enfada porque quiere salir de fiesta hasta más tarde o llora por un amor no correspondido. Cambian las situaciones, pero no tanto las reacciones.

De hecho, en ese desarrollo natural del adolescente, debería ser más capaz de gestionar las emociones y que estas afectaran menos a sus comportamientos, de lo que se deduce que un comportamiento alocado de un adolescente se debe más a su falta de control sobre las situaciones que a un factor interno como las hormonas.

Tu tarea como padre o madre es empoderarlo en esa gestión de las nuevas situaciones. Ayúdalo, habla con él, esfuérzate en mantener una comunicación que pueda prepararlo contra estas nuevas vivencias. Si las normaliza y es capaz de gestionarlas, dará igual que haya un ejército de hormonas empujándole a convertirse en una bestia impredecible, porque será inmune a las nuevas dificultades.

Las hormonas no convierten al adolescente en un ser intratable, sino las nuevas situaciones a las que se ve sometido. Ayúdalo a controlar su entorno, y no habrá ni rastro de las transformaciones hormonales.

Ya madurará

Otro de los mitos sobre la adolescencia es pensar que actúan de manera tan irresponsable por simple falta de madurez. Pensar que actúan así porque están en la edad de actuar así hace que muchos se aferren a un único pensamiento como única medida de acción: «Ya se le pasará...».

Sí, se pasa. Pero hay mil maneras de que se le pase, y estas son tan distintas como que pueda superar esta nueva etapa disfrutando o, por lo contrario, sufriendo un trauma irreparable. Y la inacción de los padres, bajo la bandera del «ya se le pasará», hace que sea más propenso a lo último.

Hay comportamientos y dificultades propios de cada edad, eso es cierto, pero para eso no hace falta ser adolescente. Sin embargo, eso no significa que vayan a bordo de un barco que acabará llegando a buen puerto mecido por las aguas porque sí. Hay muchas complicaciones en ese viaje. Es muy posible que acabe superándolas, pero ¿a qué precio?

Como padres, tenemos el deber de facilitar el trayecto, de ser su soporte en estas nuevas «cosas de la edad» que tienen que enfrentar. En unas podremos ser más útiles, en otras menos. Pero, desde luego, dejar simplemente hacer al tiempo nos convierte en cómplices de abandono de nuestro hijo o hija en esta difícil travesía que es la adolescencia.

Hay veces que es cierto que la mejor forma de actuar es no hacer nada. Pero eso ha de decidirse con un análisis previo y un estudio de la situación. El mantra del «son cosas de la edad» no es una salvación a la que podamos aferrarnos. No dejemos que sea nuestra falta de responsabilidad la que acentúe la de ellos, que, dicho sea de paso, es tan propia de la edad.

Las «cosas de la edad» propias de adolescentes no eximen a los padres de intervenir en ellas si es necesario; por mucho que tengan que pasar, los padres han de estar ahí para amortiguarlas.

Tiene que aprender a ser independiente

Otra de las maneras en las que los padres exilian a sus hijos es utilizando la excusa: «Tienen que aprender a ser independientes y a tener responsabilidades». Eso es cierto, sí, pero poco a poco. No los lancemos al abismo de la adultez sin una cuerda a la que amarrarse.

Uno de los aspectos más complicados para los padres es saber cuándo su hijo o hija está preparado o no para adquirir nuevas responsabilidades. Ese temido momento en el que hay que empezar a dejarle hacer cosas por sí mismo sí que daría para una buena película de terror.

Está claro que hay que empezar a darle autonomía, permitirle hacer cosas que no ha hecho nunca. Solo hay una forma de que aprenda a hacerlas, y es precisamente haciéndolas. Evitar estas responsabilidades por nuestro temor a que no sea capaz de asumirlas solo hará que se mantenga en una infancia eterna. Y eso no le vendrá nada pero que nada bien en su paso a la adultez.

Pero el otro extremo es casi peor. Muchos padres se desentienden, les dan responsabilidades para las que no están preparados, porque, como creen que ya tienen edad para enfrentarlas, tienen que hacerlo sí o sí, y además sin ayuda, o no aprenderán nunca. «Es lo que hay que hacer para que maduren». Y muchos adolescentes en este caso se ven sobrepasados por responsabilidades para las que no están preparados, y lo que es peor, con necesidad de pedir ayuda y sin posibilidad de hacerlo, porque sienten que, si lo hacen, estarán defraudando la confianza que se ha puesto en ellos.

Para evitar ambos extremos, simplemente hay que hacer que esta adquisición de responsabilidades sea gradual. Primero las más sencillas, e incluso dividiéndolas en grados de intensidad si fuera necesario. El ejemplo típico es el de enviar al niño a hacer la compra. Primero se le puede mandar al supermercado de la esquina a por un par de cosas. Poco a poco, se le envía a lugares más lejanos y con listas mayores. Con esa adaptación paulatina, es más fácil acertar en esa difícil tarea de adivinar para qué está preparado y para qué no.

Que el adolescente tenga que aprender a ser independiente no debe ser una excusa para darle responsabilidades desproporcionadas; tiene que adquirirlas poco a poco y, si es necesario, con ayuda, pero tampoco hay que evitárselas.

No necesitan a los adultos

Esta creencia surge a partir del desapego y el desprecio que los adolescentes adquieren respecto a sus padres en esta etapa. Al tener más libertad, empiezan a hacer más actividades con sus amigos y menos con sus padres. Las distintas inquietudes que aparecen, demasiado modernas para sus padres, a su entender, también hacen que la distancia se amplíe. Y ahora tendrás que reservar un billete menos para las vacaciones, pues tu hijo o hija adolescente no solo no quiere venir de vacaciones contigo, sino que piensa que es mejor si tú te vas y le dejas la casa libre para organizar una fiesta.

Y por encima de todo eso, está el reconocimiento social. Prueba a acercarte a tu hijo o hija cuando esté con sus amigos y verás cómo ves sus mejillas enrojecer. A lo mejor tienes la suerte de que no salga corriendo e incluso te salude delante de sus amistades por educación, pero tu presencia allí no será agradable. Existe una ley no escrita que hace que un adolescente demasiado apegado a sus padres esté mal visto por la pandilla de amigos. Por eso, cuando lo llevas al instituto en coche, te pide que lo dejes en la esquina en lugar de delante de la puerta, aunque esté lloviendo.

Todo eso puede generar la sensación de que creen que no necesitan a los adultos. Incluso los propios padres, al ver este comportamiento, también acaban creyéndolo. Pero no es así. Esto no es más que una parte natural del proceso de independencia que comporta la adolescencia. Están aprendiendo a ser libres, necesitan saberlo por ellos mismos y demostrarlo, la presencia de los padres es un impedimento en ese crecimiento personal. Hay que comprenderlo y entenderlo como un fenómeno natural. No, tu hijo o hija no te deja de querer porque mire hacia otro lado cuando pasas cerca de su pandilla de amigos.

Pero, sobre todo, lo que hay que tener claro es que nos siguen necesitando, que este mito no nos lleve a error. Y ellos también saben que necesitan a sus padres. Este paso hacia la independencia no supone una ruptura fraternal total, pero sí requiere de una selección de los momentos que se acaban compartiendo. Estos serán menos, es normal, pero seguirán existiendo, y en los momentos importantes será necesaria esa unión. Hay que entender el desapego como una parte del crecimiento del hijo o hija, no tomárselo como algo personal y, sobre todo, estar atento a esos momentos en los que será necesario que sigamos estando presentes en sus vidas de forma activa.

Que el adolescente tienda a alejarse de la presencia de sus padres es un proceso de madurez natural, pero eso no significa que no siga necesitando de ellos en determinados momentos.

El rebelde sin causa

Los adolescentes parece que estén en todo momento contra todo y contra todos. El proceso de formación de la personalidad los lleva a no aceptarlo todo a su alrededor, a empezar a decidir. Esto, unido a la sensación creciente de independencia, les genera un falso poder que los lleva a creer que pueden escoger sus batallas y defenderlas a capa y espada. Ya no son niños, pueden tomar sus propias decisiones y se van a aferrar a ese nuevo superpoder con todas sus fuerzas.

Pero eso no significa que sus estallidos sean sin motivo aparente. Su razonamiento puede parecerte más lógico o no, pero siempre hay una causa que promueve el comportamiento rebelde. No es algo innato, no hay ningún gen voy-a-fastidiar-a-todo-el-mundo que se active en la adolescencia. Ni tampoco lo hacen con este propósito.

¿Qué significa eso para ti como padre o madre? Que, si entiendes el motivo por el cual han despertado a su bestia interna, puedes razonar sobre ello. Es cierto que este comportamiento rebelde a la larga puede causar cansancio, desesperación, y que la respuesta paternal natural sea un chillido en una escalada de volumen sin final aparente.

Pero ten en tu mente que toda rebeldía adolescente tiene una razón de existir, y cuanto más sepas de ella, más elementos tendrás y mejor podrás jugar tus cartas en forma de argumentos para calmar a tu pequeña bestia.

El comportamiento rebelde del adolescente, aunque frecuente y molesto, siempre tiene un motivo, y es este el que hace posible negociar y comunicarse con él para apaciguarlo.

4.
Redes sociales, Internet y videojuegos

Los adolescentes de hoy y el mundo digital van de la mano. Pueden estar horas y horas ocupados con el móvil consultando sus redes sociales, jugando a videojuegos o navegando por Internet para informarse sobre sus intereses. Si por cada minuto que gastaran con la nueva tecnología les dieran un euro, serían multimillonarios. Pero lo que preocupa a la mayoría de los padres es el excesivo uso de estos medios que hacen los adolescentes. Cuando se va la luz o se quedan sin batería, se dan cuenta del vacío en el que viven, no saben qué hacer e incluso se vuelven irritables. Podemos pensar que tanto tiempo dedicado a la tecnología hace que no inviertan tiempo en desarrollarse correctamente en otros aspectos y que les cueste encontrar otras formas de entretenimiento no digital.

Pero ni todo es oro ni todo es carbón. Hay que entender las redes sociales e Internet como nuevas formas de comunicación, nuevas formas de entretenimiento y ocio. Y como herramientas de desarrollo de la creatividad e impulsoras de nuevos mercados laborales. ¿Por qué no? En el equilibrio de su uso está la relación sana con estas herramientas digitales. Y para poder ayudar a los adolescentes a encontrar este equilibrio, vamos a actualizar nuestra base de datos paternal para tener más herramientas con las que corregir ciertos comportamientos virtuales.

El inicio de todo: ¿a qué edad se puede usar un teléfono móvil?

Cada vez los niños tienen teléfono móvil propio a edades más tempranas. Dentro de nada se acabará diciendo que los bebés nacen con un *smartphone* bajo el brazo en lugar de con un pan. A los doce años, más de tres cuartas partes de los niños españoles ya tienen teléfono móvil. Normalmente es el paso al instituto el momento en que los padres deciden darles su preciado regalo, aunque no es raro encontrarse a muchos niños de primaria que ya llevan tiempo teniendo uno en su poder.

Entonces, ¿cuál es la mejor edad para empezar a tener móvil? La respuesta es: ninguna en concreto. Hay niños con doce años que pueden utilizarlo responsablemente y otros con quince a los que no les va a hacer nada bien disponer de uno. El momento oportuno para comenzar a usarlo es cuando demuestre que va a ser responsable de ello. Y son los padres los que tienen el poder de decidirlo. Para ello, hay que establecer la forma en la que va a usarlo. De esta manera, podemos convertir un aparato tecnológico potencialmente de riesgo para su comportamiento en una herramienta que nos puede ayudar a mejorar su desarrollo. Antes de regalárselo, hay que establecer una serie de normas de uso: para qué puede usarlo y para qué no. Y si no las cumple, y aquí viene la parte que más le cuesta a los padres, hay que retirárselo por faltar a su compromiso. Por eso es importante establecer unas normas previas que hay que cumplir y unas consecuencias si no las cumple, y pactarlas de una manera conjunta.

El adolescente tiene que aceptar que, al menos al principio, tiene que haber una supervisión por parte de los padres. Los adolescentes de hoy en día se las saben todas, y la brecha tecnológica con los padres es abismal. Vas a tener que estudiar para saber cómo contrarrestar sus trampas tecnológicas (borrado de historial, aplicaciones ocultas...), pero no te preocupes porque hasta en este ámbito se pilla antes a un mentiroso que a un cojo, aunque este se desplace a través de la fibra o de circuitos electrónicos.

El adolescente tiene que entender y aceptar que va a ser supervisado, e incluso de manera sorpresiva, para comprobar que está cumpliendo su palabra. Conforme veamos que el uso que hace es responsable, se podrán ampliar sus utilidades y libertades. Pero siempre con la perspectiva de que tiene que ganárselo y mediante compromisos y acuerdos por ambas partes. Así sacias su deseo de tener un móvil, pero a la vez lo utilizas para hacer que vaya adquiriendo responsabilidades.

Y por otro lado está el temido «es que todos mis amigos tienen teléfono móvil». No sucumbas a esa presión, ¡es un chantaje! En su lugar, utilízala contra él o ella. Si no quiere seguir siendo el único sin teléfono de su pandilla, pues entonces simplemente tendrá que aceptar tus condiciones para poder tenerlo. Utiliza ese deseo para que acepte cumplir tus restricciones y supervisión para su uso.

La edad para empezar a tener móvil depende de la madurez de cada adolescente; utilízalo como una herramienta de desarrollo de la responsabilidad: podrá usar más funciones y aplicaciones conforme vaya demostrando que es capaz de ello.

El temor de las redes sociales

Las redes sociales son ese lugar al que todos pueden acceder para fisgonear sobre la vida de los demás. Vamos, lo que antiguamente solían ser las peluquerías de barrio. El problema es que en este caso el formato está masificado, cualquiera puede acceder a fotos, preferencias y todo tipo de información que acabamos publicando, y esta sobreexposición es todavía más sensible cuando nos referimos a un adolescente.

Sin embargo, un adolescente no ve el peligro, solo la diversión. Está deseando mostrar sus fotos, ser el protagonista, subir su autoestima con la interacción ajena. Es el actor principal de una película que se crea en su teléfono móvil. El brillo de estas aplicaciones hace que no pueda ver sus sombras. Y como intentes explicárselo para que las vea, seguramente te considerará un exagerado, sin idea de cosas modernas, y te convertirás en su enemigo si intentas privarlo de su deseo de usarlas.

Así que, para evitar tanto riesgos como el excesivo tiempo que malgastan en ellas, se hace necesario establecer una supervisión. Como decíamos antes, siempre con el enfoque de la construcción de la responsabilidad y no de la prohibición. Una vez permitido el uso, hay que hacerlo con unas claras normas, instrucciones y limitaciones que el adolescente debe aceptar antes de comenzar a usar las redes sociales. Si después no las cumple, se quedará sin redes sociales por su actitud, no por tu deseo como adulto malévolo; y si las cumple, tendrá más beneficios y libertades.

En primera instancia, sus redes sociales deberían ser privadas. Es decir, que solo pudiera acceder gente a la que les da permiso (el famoso candado). Por supuesto, tú tendrás que ser una de esas personas. Así podrás supervisar su contenido. Si vieras algo incorrecto, deberías explicarle por qué no tiene que subir ese tipo de fotos o poner según qué tipo de expresiones en lugar de reprenderlo o amenazarlo, porque así lo único que vas a conseguir es que haga otras cuentas sin que tú lo sepas donde hará lo que quiera. Es necesario preservar la confianza para que no haga cosas a tus espaldas, y esa confianza se gana dentro y fuera del teléfono móvil.

También tienes que explicarle la importancia de no compartir fotos ni conversaciones de contenido sexual. Se verán incentivados a ello: sus cuerpos se están desarrollando, cambiando, volviéndose atractivos y necesitarán subir su autoestima mostrándolos al mundo de sugerentes maneras. Interpretarán cada «me gusta» como un «oh, en qué hombre o mujer me estoy convirtiendo». Es difícil hacerlos entrar en razón en este sentido intentando hacerles ver el uso que pueden hacer otras personas de esa información, pero si has seguido el consejo al principio del manual de hablar de sexualidad con ellos con naturalidad, lo tendrás más fácil.

De igual manera, hay que hacerles ver que las conversaciones a través de los chats pueden ser capturadas y compartidas, y que pueden ser utilizadas para hacerles *bullying* o cualquier otro tipo de desprecio social. Es importante hacerles entender la rapidez y la facilidad con la que un contenido se puede hacer viral. Y que, una vez subido un contenido en la red, perdemos su control para siempre. La solución es mantener siempre un equilibrio entre confianza, educación y limitación. Han de saber en todo momento que las limitaciones irán acordes a lo transparentes que sean y a lo responsables que se muestren. A poder ser, establece un contrato por escrito al que recurrir cuando aparezca un conflicto y aférrate a él como si fuera tu escudo de batalla.

Los adolescentes solo ven la diversión de las redes sociales
y no sus peligros; los padres deben limitar su uso, siempre
con acuerdos que establezcan que podrán tener más
libertad de uso cuando demuestren la responsabilidad
y la confianza para ello.

Internet, la maravillosa fuente de desinformación

Internet empezó a inundar las casas como la gran promesa para mejorar en los estudios. Estaba destinado a sustituir las enciclopedias y a ofrecer toda la información que los estudiantes necesitaban para aprender. Ay, qué ilusos éramos a finales de la década de 1990. Hoy en día, el uso de Internet para informarse y solucionar dudas en los estudios es mínimo. En cambio, se extiende para ver pornografía, utilizar videojuegos *online*, consumir vídeos de entretenimiento y consultar información sobre temas polémicos, a menudo no contrastada.

Nuestros hijos aprenden en Internet, sí, pero muchas veces sobre asuntos que no son aptos para su edad y de una manera a menudo muy poco didáctica, e incluso equivocada. Por no hablar de YouTube, ese universo cuyos vídeos captan la atención de miles y miles de adolescentes que sueñan con ser *youtubers*.

Internet es una maravilla de doble filo, su buen uso puede permitir que alguien se convierta en un experto en cualquier tema sin necesidad de cursar estudios, pero a la vez puede hacer que alguien malgaste todas sus horas convirtiéndose en un inexperto en todo. Y en este equilibrio entre utilizar Internet para mejorar como persona o para alentarse a sí mismo, hace falta un criterio que el adolescente todavía no tiene bien formado: el de sus padres. La supervisión de los padres sobre el consumo que hacen sus hijos de Internet es necesaria. Y esto hay que hacérselo entender al adolescente para que comprenda que no se le está privando de su intimidad, sino que se le está enseñando a utilizar bien una herramienta tan poderosa como destructiva.

Estos pactos de supervisión conviene que sean conocidos por el adolescente, y que sean establecidos antes de comenzar su uso, de manera que no se sienta espiado ni traicionado. Cuando se accedía a Internet desde el ordenador familiar, era más fácil revisar el historial, pero ahora que se puede acceder desde el teléfono móvil es más difícil vigilarlos ya que eso supondría un robo mayor de su intimidad: hay que quitarles el teléfono móvil de las manos para poder comprobarlo. Por no hablar de que todos sus navegadores tienen la opción de ocultar las pruebas de las páginas que visitan.

Es complicado luchar contra la tecnología. Hay que asumir que el adolescente va a acceder antes o después a Internet. Por eso la estrategia que hay que seguir no ha de ser la de prohibir; no tendría sentido. Salvo que seas el presidente de un país con la capacidad de censurar todo Internet, claro. Pero, como imaginamos que no es el caso, la estrategia acertada será la de la educación y la comunicación. No vas a poder impedir que acceda a cierta información, pero sí puedes hacer que tenga más elementos para que esta no acabe siendo nociva para él o ella. Por ejemplo, antes o después va a acabar viendo pornografía; como adolescente, siente una atracción irrefrenable hacia ella. Con el enfoque de la normalidad y la complicidad, tienes que hacerle entender que no es algo demoníaco, pero sí que se trata de un espectáculo y que ciertos comportamientos son incorrectos en la vida real.

Trabaja también la confianza, que no se esconda para visitar páginas de Internet y que incluso quiera comentar contigo aquellas por las que sienta excesiva curiosidad. El propio adolescente va a querer contrastar con un adulto eso que acaba de descubrir y que no sabe si creerse o que no entiende, ¿y qué mejor que ese adulto sea su padre o madre? Pero, para eso, es necesario trabajar el vínculo de la confianza. Y eso se hace mucho antes de que el niño o niña se convierta en un adolescente con capacidad de acceder a Internet.

Internet es una fuente de desinformación que el adolescente puede utilizar para adquirir comportamientos tóxicos; trabaja la confianza por encima de la prohibición para que exista una comunicación activa y puedas corregir esa sobresaturación de información corrupta.

Los videojuegos, el ocio virtual de nuestra época

En aquellos maravillosos años en los que los videojuegos eran una novedad, uno se iba con los amigos a los recreativos, se gastaba un par de monedas en el comecocos y ahí se acababa su relación con los videojuegos. Pero estos entraron en casa en forma de consolas, se expandieron en nuestros móviles y ordenadores, y ahora parecen haberse instalado en los cerebros de los adolescentes, que juegan numerosas horas al día perdiendo las vidas de sus personajes, e incluso las horas del día.

Cuidado, los videojuegos bien orientados pueden ser beneficiosos. Con un uso adecuado, estimulan los reflejos, desarrollan la inteligencia e incluso acercan a los adolescentes a disciplinas como la historia o la lectura. Tampoco olvidemos que pueden convertirse en una profesión de futuro (y presente); ya hay jugadores multimillonarios en los llamados *eSports*.

Pero un uso excesivo es sin duda perjudicial, pues consume las horas que los adolescentes deberían invertir en otras actividades necesarias para su desarrollo, como los estudios, la sociabilidad, el ejercicio físico... Cuando el tiempo que dedican a jugar les impide abordar el resto de las tareas necesarias para un sano desarrollo, se traspasan los límites del uso y el abuso. Y ese sí que es un problema.

La media entre los adolescentes que juegan con frecuencia a los videojuegos es de cuatro horas diarias, y llega a jornadas de hasta diez horas en algunos casos. ¿Excesivo? Si se dedicara ese tiempo a aprender un idioma, se podría aprender un idioma nuevo cada año sin problemas. Obviamente, muchos otros juegan de modo ocasional, pero el abuso de este entretenimiento suele ser muy común.

En este abuso tiene mucha culpa el desarrollo de los videojuegos actuales, en los que la competición se convierte en una necesidad. Los jugadores que juegan más horas obtienen más puntos, y eso les permite estar por encima de los demás. Un jugador que no está jugando siente que se está quedando atrás, de ahí que necesite estar cuantas más horas mejor. Los videojuegos son diseñados de esta manera porque, cuanto más tiempo se estén utilizando, mejor para su posicionamiento y más dinero ganan sus creadores. Y esta es una tendencia en la que los padres tendrían que tomar parte de inmediato; se hace necesaria una regulación de este *play-to-win* en el que quien más juega, más gana.

Pero, mientras la tendencia capitalista estimule las horas de juego, los padres son los que tienen que limitar las horas de juego a sus propios hijos. ¿Cuántas horas serían las correctas al día? Depende de cada chico o chica, pero deberían rondar aquellas que no les impidan realizar otras actividades más necesarias. Si el adolescente va bien en los estudios, se puede ser más permisivo. Si suspende, se le reduce el tiempo. Si vemos que los videojuegos le hacen ser muy sedentario, se reducirán las horas dedicadas a videojuegos y se aumentarán las dedicadas a la actividad física, bien en forma de deportes (que además le permitirán socializar) o de algún tipo de gimnasia.

Cada adolescente podrá disfrutar más o menos tiempo sin ver afectadas el resto de las actividades necesarias, pero, como siempre, se hace necesario un preacuerdo, a poder ser escrito y firmado, donde se explique por qué no puede jugar tanto. «Si suspendes tantas asignaturas, solo jugarás tantos minutos», así de claro, y si suspende, él mismo se estará privando de su deseo. Otra forma de llegar a un acuerdo es que solo podrá jugar diariamente si se le pregunta la lección y la sabe de manera correcta, así se estimula el repaso diario: un adolescente que repasa la lección todos los días acaba sacando buenas notas (siempre que no tenga ninguna dificultad). Así puedes utilizar los videojuegos como un estímulo más que como una complicación. Cada padre o madre, en la medida en que su tiempo se lo permita, encontrará la manera más adecuada, pero siempre haciendo que el adolescente se convierta en responsable de su limitación de tiempo de juego.

Los videojuegos pueden ser beneficiosos en un uso adecuado, pero en exceso interfieren en actividades muy necesarias para el desarrollo del adolescente; las horas de juego deberían estar limitadas según la manera en la que estas otras actividades se ven afectadas.

Todo el día enganchados al móvil

El uso excesivo del móvil es uno de los mayores problemas de los adolescentes en la actualidad. Ojo, y de muchos adultos, acostumbrados a vivir con la cabeza agachada. El problema es que, en el caso de los menores, se supone que el uso es más irresponsable.

Los móviles se han convertido en los invitados estrella en muchos de los conflictos familiares y escolares. Muchos son castigados por haber sido sorprendidos utilizándolos en clase, y en casa prestan mucha más atención a sus pantallas que a sus padres. «Están todos enganchados al móvil» es una de las frases más recurrentes, y los datos así lo confirman.

El problema real surge cuando el móvil (también sirve para los videojuegos) pasa de ser una diversión a una necesidad. Cuando se disfruta de una actividad, el sistema de recompensa cerebral se activa y genera felicidad al usuario. Sin embargo, cuando se hiperactiva y se abusa de este estado de gracia mental, el cerebro acaba necesitando esa sensación constantemente, se vuelve esclavo de ella. Y es ahí donde aparecen el sobreuso y la irritabilidad en caso de que se los prive de su diversión. Es entonces cuando se pasan las noches enteras con el teléfono en la mano, sin dormir, y llegan cansados a clase al día siguiente.

En la mayoría de los casos, sin que nos demos cuenta, en nuestros hijos ya se ha superado esa barrera entre la diversión y la necesidad. La tarea de los padres es mantener a los hijos en los límites de la recompensa. Que entiendan que las nuevas tecnologías son un privilegio que pueden usar cuando se lo han ganado, no un derecho que merecen por el simple hecho de ser adolescentes.

El adolescente ha de entender que podrá utilizar su teléfono móvil cuando haya cumplido unos requisitos, de manera que el cerebro entienda que es un premio como resultado de su esfuerzo y no una droga que necesita incorporar sí o sí, porque los enfados y las malas caras no son más que la consecuencia de una clara dependencia. Hay que mantener al cerebro en la parte que aún sabe valorar el privilegio de disfrutar del teléfono móvil (también sirve para las redes sociales). Que sean un entretenimiento sano, aunque no nos guste a los adultos.

Para ello, puedes asociar el teléfono móvil con un sistema de puntos. Si el adolescente hace su cama y la tarea escolar, por ejemplo, pues podrá utilizarlo determinado tiempo. El objetivo es que jamás olvide que es un privilegio que ha de ganarse. Que las compañías telefónicas empiecen a ofrecer tarifas de datos ilimitados no significa que nosotros tengamos que actuar de igual manera con nuestros hijos, o lo que será ilimitado será el tiempo que ellos malgastarán con sus teléfonos.

La adicción al teléfono móvil surge cuando la diversión se transforma en necesidad; hay que mantener su uso siempre como un privilegio que ha de ganarse día a día mediante tareas cotidianas y responsabilidades varias para estar dentro de los límites de la diversión.

5.
Drogas y alcohol

La etapa adolescente se caracteriza por las ganas de experimentar. Esta curiosidad a veces se explora mediante el contacto con nuevos riesgos para la salud de los adolescentes en forma de drogas, ya sean estas más moderadas, como el alcohol o el tabaco, o más peligrosas. Y los padres ya no van a estar a su lado todos los días. Tienen que ser ellos los que sepan lo que es peligroso meter en su cuerpo. Pero las conductas sociales, la ignorancia propia de la edad y la valentía que da la juventud se convierten en malos elementos para tomar una buena decisión.

Los adolescentes son el grupo más vulnerable respecto al consumo de drogas, ya que están más en contacto con ellas y tienen una facilidad increíble de acceso. Los adultos, más hechos al plan de peli y manta, no estamos tan expuestos; pero ellos, en cada fiesta entre amigos a la que acuden, tienen la posibilidad de consumir fácilmente alcohol, tabaco, marihuana e incluso otras drogas mayores.

De hecho, no llegan a ellas por puro interés propio; ningún adolescente se levanta un día con la necesidad de consumirlas porque sí. Es su entorno el que las va introduciendo en su mundo. Y como evitar su exposición es imposible, lo más importante es la capacidad del adolescente de saber que son nocivas para él y controlarlas.

Pero he aquí una complicación más: a menudo, los adolescentes no tienen la personalidad todavía lo suficientemente formada para alzar ese «no a las drogas» tan importante por bandera. Por ello, vamos a ver algunos consejos que, como padres, podemos aplicar para que nuestros hijos salgan airosos de estos nuevos peligros.

El momento de comenzar a hablar

Hablar de drogas con los hijos no es sencillo, y es difícil escoger el momento adecuado para abordar el tema por primera vez. Por un lado, está el hecho de tener que comportarse como ese padre aburrido que todo lo prohíbe y que siempre está ahí para aguarle la fiesta, y por otro, el miedo a darle a conocer algo que puede que todavía no sepa ni que existe: mientras siga desconociéndolo, no hay riesgo de que se acerque, pero si hacemos que aparezca en su mundo al hablarle de ello... Pero he aquí una revelación: que no hables de ellas no hará que desaparezcan del universo.

Antes o después las conocerá, y será él quien tendrá que enfrentarse a ellas. ¿No te gustaría que en ese momento tuviera un buen escudo con el que protegerse? Pues ese escudo son tus palabras y consejos. Sin tu aporte, ese escudo puede transformarse más bien en un colador que deje pasar de todo.

¿Y cuál es el momento oportuno para comenzar a hablar? Pues lo antes posible. Los niños, incluso antes de los diez años, ya tienen capacidad para comprender que beber alcohol y consumir cigarrillos es nocivo. Es curioso ver cómo estos niños son incluso capaces de reprender a sus padres cuando encienden un cigarro. Se les puede empezar a explicar que son sustancias malas para el cuerpo sin necesidad de entrar en detalles escabrosos que inculquen el miedo, y si bien cuando crezcan su opinión obviamente cambiará, esta impronta temprana puede desempeñar un papel fundamental en el rechazo a las sustancias nocivas en el futuro.

También has de tener en cuenta que a estas edades ya empiezan a normalizar comportamientos, por lo que, si te ven a ti beber y fumar con frecuencia, lo integrarán como algo normal y le perderán el respeto. Piensa que, si fumas delante de él o ella, te haces daño a ti mismo, pero también se lo estás haciendo al futuro de tu hijo o hija. Mira, puede que así tengas la motivación suficiente para dejar de fumar de una vez por todas.

Es entre los diez y los doce años cuando ya empiezan a tener contacto con la realidad de las drogas y el alcohol, y convendría haber tenido conversaciones más serias antes de que se enfrenten a ella. A estas edades ya comienzan a recibir talleres escolares en los que se les informa de estos temas, muy oportunos, por una parte, pero que al ser recibidos en forma de colectivo suelen ser el foco de bromas entre los amigos y tienden a perder intensidad. Tú, como padre o madre, en la intimidad familiar, eres quien tiene el verdadero poder para orientarlo.

Puedes utilizar cualquier noticia aislada (por ejemplo, cuando se hable de dopaje en los deportes) para introducir de manera fortuita el tema de las drogas, así será menos agresivo para el adolescente. No lo conviertas en un monólogo o en una charla, involucra a tu hijo o hija en la conversación. Pregúntale qué sabe sobre el tema, lo que te proporcionará una ayuda doble: primero se sentirá uno más hablando del tema, no el objetivo; y segundo, te dará un punto de partida para iniciar la conversación. Te permitirá saber cuánto sabe y así sabrás cuánto profundizar o no.

A partir de los trece o catorce años ya están totalmente expuestos, y ya podría ser tarde para comenzar a abordar el tema. Si ya las han probado y han comprobado que para ellos son divertidas, o no les han causado un mal mayor, todos los peligros que puedas explicarles ya no tendrán el mismo efecto, porque, tras haberlo comprobado por ellos mismos, pensarán que estás exagerando. A esta edad tendrás que aumentar la intensidad de tus argumentos, en función de lo preparado que veas mentalmente a tu hijo o hija y de lo implicado que esté en el tema. Ya es mayor, y por lo tanto tus argumentos pueden ser más intensos. Háblale de cómo influyen las drogas en los accidentes de coche, de las peleas, de las enfermedades, de las multas, de la cárcel...

En definitiva, que más vale prevenir que curar, y cuanto antes hables de este tema con tus hijos, más fácil será enfrentarlo. También será vital para el éxito que, como hemos visto en muchos apartados, tengas una buena comunicación con tu hijo o hija. Normalidad, conversación y no abuso de la autoridad siempre ayudan a que todo fluya.

Cuanto antes hables de drogas con tus hijos, mejor;
pero hazlo siempre en un tono y con unos argumentos
acordes a su edad y situación.

Cómo saber si tu hijo consume drogas

Lo ideal sería que nuestro hijo o hija nos dijera: «Papá, mamá, siento curiosidad por el alcohol y esta noche me voy a meter una botella entera de *whisky*». Ojo, que no es una utopía, más de un padre o madre ha conseguido que su adolescente hable abiertamente de estos temas con él y ha visto el milagro de que este le diga cómo y cuándo bebe o fuma... Pero, como lo más normal es que te lo oculte, vas a tener que prestar atención a algunos signos que pueden ayudarte a descubrir si está consumiendo.

Vas a tener que afinar tus sentidos para descubrirlo, pero uno que puede serte útil es el del olfato. La mayoría de las drogas dejan un rastro de olores fácilmente perceptible, no hace falta ser un miembro de la patrulla canina adiestrado para detectar el olor del tabaco o el alcohol. Por supuesto, tu hijo o hija no te lo va a poner tan fácil y va a intentar enmascararlo. Si ves que frecuentemente llega a casa masticando chicle o demasiado perfumado, es que algo trata de ocultar. También puedes oler su ropa al poner la lavadora; por suerte la ley antitabaco juega a nuestro favor, ya es más difícil utilizar la excusa de que en el local en el que estaban fumaba todo el mundo.

Los ojos también pueden delatarlos en muchos casos. La marihuana tiende a enrojecerlos, y otras drogas más peligrosas hacen que las pupilas se dilaten.

A menudo el consumo de drogas también provoca cambios en el comportamiento. Esta no es una prueba definitiva en una edad en la que los cambios de humor están a la orden del día, pero fíjate si estos aparecen justo cuando comienza a ir con un grupo nuevo de amigos o cuando empieza a salir de fiesta por la noche.

El tema económico también puede darte alguna idea. ¿Cuánto gasta tu hijo cuando sale por ahí? ¿Y en qué? Ahora es más complicado llevar un registro financiero de los adolescentes, ya que cualquier tipo de ocio se ha vuelto carísimo, pero ten en cuenta que el alcohol y las drogas no son precisamente baratos. Si empieza a pedir más dinero para su ocio y además coincide con alguno de los otros signos, esto puede ser indicativo.

Son muchas las cosas que pueden hacer que intuyas que tu hijo o hija está empezando a tomar este tipo de sustancias, aunque ninguna de ellas es definitiva. Es el conjunto de todo lo que realmente hay que valorar. Sí, vas a tener que convertirte en Sherlock Holmes si quieres tener una certeza absoluta. Pero, si consigues averiguar que está consumiendo, no desperdicies esta información con una bronca que solo hará comenzar una batalla en la que, cuanto más control quieras poner, más descontrol recibirás. Utiliza tus descubrimientos con sabiduría, de manera que siempre estés un paso por delante y puedas armar una buena estrategia para que ese consumo que has descubierto sea responsable y no se le vaya de las manos a tu hijo o hija.

Hay muchos signos que muestran que tu hijo puede estar consumiendo algún tipo de sustancia nociva; utilízalos para conocer su situación y poder actuar en consecuencia de manera inteligente.

Tus aliados y enemigos en esta guerra

Tanto si ya has descubierto que tu hijo o hija consume como si no, hay varios elementos y estrategias que puedes utilizar para mantenerlos a salvo.

Normaliza el tema de las drogas. No su consumo, pero sí el hablar de su existencia. Y recuerda que con drogas me refiero también al alcohol y al tabaco.

Incorpóralas a las conversaciones como lo que son, algo real y presente, no como demonios o tabúes. Eso hará que no se traten como algo a evitar a toda costa y se facilite hablar sobre ellas. Utiliza, por ejemplo, una noticia en la televisión sobre un accidente en la que el conductor había superado la tasa de alcoholemia o cualquier anécdota de un conocido o de una serie que esté siguiendo. Recuerda que evitar hablar de ellas no hará que desaparezcan, solo provocará la desinformación y por lo tanto la falta de argumentos en tu hijo o hija para poder controlarlas y protegerse de ellas. Si es el propio adolescente el que saca el tema, no trates de evadir el asunto, aprovecha esa suerte para hablar tú y permitir que se exprese él; la mejor forma de prepararlo es saber cuánto sabe y a qué está expuesto.

Trata de hablar siempre en positivo. Más que de los peligros de consumir, háblale de los beneficios de no hacerlo. Coméntale, por ejemplo, lo que disminuye el rendimiento de un deportista cuando fuma o bebe. Eso les suele preocupar en unas edades en las que intentan brillar en su equipo de fútbol u otro deporte.

Establece límites de horario y de lejanía en sus salidas de ocio. Que empiece volviendo pronto y moviéndose por sitios que conoce, y que vaya ganando libertad temporal y espacial poco a poco. Sé razonable, que vea siempre que sus limitaciones dependan de su responsabilidad y no de tus ganas de prohibírselo todo.

Utiliza el dinero a tu favor. Establece una paga fija para todas sus cosas. Si quiere comprarse ropa nueva, tendrá que sacrificar alguna otra cosa. Si quiere el videojuego que acaba de salir, tendrá que gastar menos, entre otras cosas, en tabaco y alcohol. Si le pagas tú todos los caprichos, tendrá de sobra para su paquete semanal.

Haz que sea él quien decida que no quiere consumir, y no seas tú el que se lo está prohibiendo. A ellos los estimula sentirse responsables, hazle ver lo inteligente y maduro que es cuando decide no beber o hacerlo con moderación. De igual manera, refuerza este sentimiento porque será su única arma ante la presión social. Cuando sus amigos le digan que fume o beba, y que si no lo hace, no será como ellos, tendrá que tener la suficiente personalidad para negarse. Y no solo eso, sino para demostrar que lo estúpido habría sido no tener criterio propio. Haz que entienda el poder del «no voy a hacer lo que hagan los demás solo porque me lo digan». ¿No están en su etapa rebelde? Aprovéchalo a tu favor.

Tampoco los protejas en exceso. «Mi hijo ha llegado borracho por culpa de sus amigos», piensan muchos padres porque, claro, sus perfectos hijos serían incapaces por sí mismos de hacer algo así. Otra justificación frecuente es la de que el hijo o hija toma drogas porque los padres discuten frecuentemente o están separados y la situación familiar los obliga a buscar una vía de escape. No excuses su comportamiento; en el momento en que el adolescente encuentra una justificación a su comportamiento, haces que pierda toda la responsabilidad. La decisión final siempre es de él, y excusándolo estás haciendo que se olvide de ello.

Nunca hables en el momento más dramático; por ejemplo, cuando le descubres consumiendo por primera vez. Discutir con los nervios a flor de piel te hará a ti atacar con más fuerza y al adolescente defenderse con uñas y dientes, y el resultado de ese encontronazo suele acabar con la ruptura total de la comunicación. Mejor abordar el tema con tranquilidad, permitiendo que se explique y se sienta escuchado.

En esa conversación deberás abordar si ha sido un hecho puntual (seguramente te mienta y te diga que es así) o si es una costumbre, saber si conoce los riesgos, qué puede pasarle si continúa de esa manera... Utiliza la conversación para obtener información valiosa. Evita los castigos, pero establece nuevas normas y consecuencias de manera que pueda entenderlas. Ha demostrado irresponsabilidad y los nuevos límites son consecuencias de sus acciones, pero no le digas que has perdido la confianza en él; esas nuevas directrices ya no tendrán utilidad si le dices que no crees que será capaz de cumplirlas.

Las herramientas para tratar el tema de las drogas con un adolescente siempre deben girar en torno a normalización, positividad, responsabilidad, tranquilidad e información.

Qué hacer cuando creemos que ya es tarde para hacer algo

El consumo de drogas descontrolado es como una enfermedad degenerativa. Los síntomas se agravan con el tiempo, y las consecuencias tanto sociales como para la salud son cada vez más problemáticas. Es más difícil acabar con la situación nociva cuanto más avanzada está. Por eso, es importante tratar el tema con precocidad, cuanto antes mejor. Pero, si hemos llegado a ese punto en el que ya no se puede prevenir y toca curar, tenemos que tener en cuenta varios aspectos.

Aceptar que un hijo o hija consume drogas, y más aún cuando estas ya parecen apoderarse de él, es algo muy complicado para los padres. Pero es necesario hacerlo. Si no asumes la magnitud del problema, difícilmente vas a poder enfrentarte a él. Si tu hijo o hija ya ha cedido al descontrol, lo último que necesita es que lo hagas tú también. Uno de los dos va a tener que permanecer mentalmente fuerte para ganar esta lucha. Recibe ayuda psicológica si es necesario. Ellos son expertos, han tratado a muchas más personas en tu situación y las han ayudado a salir victoriosas. No supone una debilidad pedir ayuda, todo lo contrario: es necesario mucho valor para reconocer que la necesitamos.

Y de igual manera que buscas ayuda para ti, busca también ayuda para él. Consulta en centros de atención de adicciones, a expertos de psicología adolescente, ellos te darán recomendaciones o te ofrecerán soluciones; están acostumbrados a tratar con esos temas. La experiencia es un grado, así que aprovéchate de ella. Para ti es la primera vez y es inevitable sentir terror, pero ellos ya saben qué hacer y te ofrecerán alternativas donde tú solo ves un vacío insalvable.

Lo más probable es que el adolescente se niegue a recibir ayuda en primera instancia, pero no debemos cerrarle las puertas por ello. Hay que centrar las correcciones en el comportamiento, no en la persona. Él no es así, son las drogas las que le hacen comportarse así. De esta manera, podrás atacar sus actuaciones para que sea consciente de ellas sin que pierda la confianza en ti ni en sí mismo. Y llegará un momento en que él mismo pedirá ayuda, y te la pedirá a ti si has sabido mantener esa confianza.

Estudia todos los recursos que tienes a tu alcance para ayudarlo mientras llega ese momento: continúa estableciendo límites enfocados en sus responsabilidades (cuanto antes mejor, ya que la adicción puede hacerle responder a estas limitaciones con violencia), busca las causas de su adicción y trata de minimizarlas, intenta reducir su exposición, trata de que la comunicación con él sea fluida, elogia sus comportamientos positivos cuando consiga mantener el control para reforzar actitudes positivas...

Hay muchas cosas que se pueden hacer, aunque la situación sea desesperante y creamos que no es así. Mantén la calma, busca siempre una nueva acción allí donde la desesperación obligue a abandonar y no olvides pedir ayuda a profesionales que han tratado temas similares si lo necesitas.

Y recuerda que cuando hablamos de drogas nos vienen a la mente las denominadas «drogas duras», pero el alcohol, el tabaco y la marihuana también son drogas adictivas, y son a las que están más expuestos los adolescentes.

Aunque las medidas más efectivas para evitar el consumo de drogas en los adolescentes son de prevención, es posible realizar muchas acciones si descubrimos que nuestro hijo ya está inmerso en un proceso de adicción; no olvidemos también que la ayuda ajena de profesionales acostumbrados a tratar estos temas es muy valiosa.

6.
Las amistades

Prepárate, porque, en algún momento del inicio de la adolescencia, tu hijo o hija va a cambiar radicalmente su valoración del entorno. Tú, que lo has sido todo para él, que tantas fiestas te has perdido por criarlo, que tantas vacaciones has sacrificado para que no le falte de nada, que tantas noches en vela has pasado... vas a pasar a sentir que vales prácticamente nada.

Y este vacío va a ser ocupado por su círculo de amigos, lo cual genera una combinación explosiva: adolescentes sin la personalidad formada dejando sus decisiones en manos de otros adolescentes que tampoco tienen la personalidad formada.

En esta etapa en que tanto tienen que aprender, en que deben transformarse en adultos, son altamente susceptibles a todo lo que los rodea. No quieren quedarse atrás, quieren sentirse parte de algo, la popularidad se convierte en su único objetivo y la mayoría de ellos harán todo lo posible por conseguirla.

A estas edades, tienen las responsabilidades justas y la lógica poco desarrollada, pero es que además la poca que tienen queda oculta ante esa presión social que los obliga a ser «guais». Porque los comportamientos que triunfan entre los adolescentes precisamente no son los que tú quisieras para él o ella.

Y en esta dura lucha entre satisfacer sus necesidades sociales y adquirir hábitos maduros es muy complicado intervenir. Para ellos, sus amigos son su mundo, y los padres, unos entrometidos que quieren tener lejos. Ya tienen incluso sus propias denominaciones sociales: «mejo», «*crush*»... y tú no estás entre ellas. Así que vamos a ver algunos consejos para intentar ayudarlos en la medida de lo posible en esta nueva batalla social en la que se ven inmersos.

Cómo hacerlo fuerte ante la presión de grupo

Llegado el momento, los adolescentes se convierten en camaleones. Imitan su entorno para sentirse parte de él. Visten y se comportan como sus amigos. Y eso hará que tu hijo o hija haga cosas que realmente no quiere hacer, desde las más inofensivas como ir a sitios a los que no le apetece ir hasta las más peligrosas como consumir alcohol o tabaco.

Esto ocurre porque, si no lo hace, se siente débil, raro, despreciable por no estar en concordancia con el resto del grupo. Pero aquí los padres pueden intervenir dándole la vuelta a la tortilla, demostrándole que, cuando se niega a hacer algo que no le apetece, no está siendo débil, sino al contrario: está siendo realmente fuerte. Está teniendo el valor de respetarse a sí mismo, la madurez de decidir individualmente, está dejando de ser el blandengue que dice que sí a todo por inseguridad o miedo para convertirse en alguien con capacidad de decisión. Eso es lo que tienes que conseguir que tu hijo o hija integre en su cabeza.

Tampoco se trata de que se venga arriba, de que llegue a decirles a sus amigos «no quiero hacer eso porque parecéis niñatos cuando lo hacéis», lo cual le haría perder amistades. Simplemente tiene que conocer el equilibrio para actuar en función de sus pensamientos de manera argumentada, para defenderlos sin pretensión de imponerse.

Para ello, es conveniente trabajar la asertividad con los hijos desde que son pequeños. Hay que hacer que, cuando quieran algo, lo argumenten, aprendan a explicarse, y lo defiendan dentro de unos valores lógicos y respetables. La vía más fácil para un niño que quiere siempre chocolate es la rabieta. Sin embargo, ya tiene la capacidad para aprender que debería tener derecho a su porción de chocolate, siempre que esta no sea muy grande, a la hora adecuada y con una frecuencia medida. Si inculcamos esa capacidad de reclamar lo que es suyo con argumentos, como adolescente lo tendrá chupado para decidir por sí mismo y dejarse influenciar menos.

La mayoría de los padres, cuando sus hijos se meten en un lío simplemente por seguir a sus amigos, los atacan con un: «¿Es que eres tonto? Y si se tiran por una ventana, ¿tú también te tiras?». No hay que hacerles sentir estúpidos por actuar así, porque se sentirán atacados y activarás todos sus mecanismos de autodefensa, que se encargarán de alejarlo de ti para que no vuelvas a decírselo, y habrás perdido toda opción de reforzar su personalidad.

En cambio, enfócalo desde el lado positivo: demuéstrale lo listo que es cada vez que no se deja llevar. Ese es el verdadero camino que hay que seguir. Si tú consigues que se sienta poderoso por tomar decisiones propias, sabrá transmitir ese poder a la hora de no hacer cosas que no quiere hacer con su grupo de amigos.

> *Trabajar su asertividad desde niño hará que tenga*
> *más capacidad de resistirse a la presión social de grupo;*
> *no le digas que es estúpido por hacer lo que hacen*
> *los demás, mejor prémialo cuando no lo hace para*
> *que aprecie el valor de decidir por uno mismo.*

Diversifica sus amistades

Uno de los motivos por los cuales los adolescentes ceden a la presión de grupo es por el miedo a quedarse solos. Si no hacen lo que quieren los demás, corren el riesgo de que «pasen» de ellos. Y a veces, para poder mantener las amistades, actúan de una manera indeseada e indeseable.

Este temor disminuye cuando no pertenecen a un único grupo de amigos. Si sus amistades son más diversificadas, tienden a ceder menos. «Si ellos no me quieren, pues me voy con los otros», así de sencillo. Como padres, no podemos escoger a sus amigos, pero sí podemos facilitar que su lista de amistades sea más amplia.

Una de las acciones que podemos emprender es inscribirlo a actividades extraescolares grupales. Un niño que forma parte de un equipo de fútbol a menudo obtiene muy buenos amigos ahí; el deporte los une en las victorias y en las derrotas. De igual manera, en la actualidad está muy de moda el baile como nexo de unión: una coreografía es algo que hace sentir que un grupo de individuos actúa como una unidad.

Las actividades familiares también son clave. Los primeros amigos de los niños son los hijos de los amigos de los padres. Lo que este trabalenguas quiere decir es que, cuanto más potencies tus actividades sociales con amigos que también tengan hijos, más amistades podrán hacer los tuyos.

También puedes invitar a casa a pasar la tarde a compañeros de clase, eso reforzará la unión con amigos escolares, o apuntarlo a campamentos de verano. Muchas grandes amistades se forjan en las épocas estivales. Intenta observar las oportunidades a tu alrededor para mejorar la red de amigos de tus hijos; seguro que son muchas.

Cuantos más amigos tenga tu hijo, menos cederá a la presión social por miedo a quedarse sin ellos; aprovecha todas las oportunidades a tu alrededor para facilitar que consiga nuevas amistades.

La autoestima como escudo ante la presión social

Aunque hablaremos a fondo más adelante sobre este tema, uno de los aspectos más importantes a la hora de resistir o ceder a la presión social es la autoestima del adolescente. Si se siente débil o poco poderoso, cederá a las decisiones de los que se sienten superiores. En cambio, si se siente empoderado, tendrá más resistencia.

Esto es tan claro como que todos quieren estar con el típico chulito de la clase que se lleva todos los halagos y miradas mientras que el que es más retraído tiende a quedarse solo en una esquina. Todos los adolescentes quisieran ser el chico o chica más popular del instituto, mientras que los padres desean que sus hijos sean ejemplares y de comportamiento correcto. Pero es que precisamente la popularidad adolescente la da la rebeldía, no el buen comportamiento.

El objetivo es por lo tanto buscar un equilibrio. Muchos padres tienden a la sobreprotección. Quieren que sus hijos sean lo más responsables posible, estudiosos, que no se metan en líos, que no destaquen, y eso juega en contra de su popularidad. Proteger a un hijo o hija en exceso genera que luego no sepa desenvolverse socialmente. Si hemos estado haciéndolo todo por él, no sabrá hacer nada cuando ya no estemos encima. Así potenciamos su personalidad retraída al anular su independencia.

Pero tampoco queremos que nuestro hijo o hija sea el más popular del instituto a costa de acumular expulsiones frecuentes y cosechar un campo de calabazas en las calificaciones, ¿no?

Así que esto supone un tira y afloja en el que la autoestima se erige como el punto de equilibrio. Deja que tu hijo o hija haga cosas, que se arriesgue, que sea atrevido; eso mejorará su percepción de sí mismo. Necesita sentirse especial haciendo cosas fuera de lo común. Se verá capaz de actuar y eso se reflejará en su actitud, que además será más atractiva para su entorno. Pero ponle límites. Dejar que desarrolle su autoestima no significa darle carta blanca. Sus libertades se acaban donde empiezan las de los demás. Su poder tiene que reflejarse en aspectos constructivos.

Otras formas de mejorar su autoestima para que no se quede escondido en una esquina es corregirlo de forma siempre constructiva. Si le dices que lo hace mal todo, tendrá miedo a socializar porque siempre esperará malas respuestas de los demás. Desde pequeño, cuando haga algo mal, enséñale más bien cómo puede mejorar con un enfoque positivo. Socializar no deja de ser una habilidad que se puede aprender y mejorar; si controla su frustración y entiende que ante cada dificultad hay muchas alternativas de mejora, él mismo encontrará su camino para brillar entre sus amigos porque se verá capaz de hacerlo antes o después.

También puedes estimularle a desarrollar un talento natural. Los adolescentes que saben hacer algo muy bien tienen buena aceptación social, y además estimulará esa sensación de destacar necesaria para que aumente su autoestima.

Un adolescente con baja autoestima tiende a retraerse, a encontrar dificultad en hacer amistades y a ceder con facilidad ante la presión social para no perderlas; mejorar la autoestima mejora a su vez sus habilidades sociales.

Las temidas malas influencias de los adolescentes

Todos los padres, antes o después, asumen que sus hijos les hacen más caso a los amigos que a ellos mismos. Y aquí es donde entra una de las mayores preocupaciones paternales: las malas influencias. Esas personas desviadas del buen camino, capaces de hacer que toda una vida de educación se desintegre bajo su influencia.

La capacidad de influenciar de los amigos de tus hijos es enorme. Pueden hacer que vean la vida de forma totalmente distinta a la que tú les has explicado. Allí donde te has estado esforzando en explicarle el peligro de las drogas, su mejor amigo se enciende un cigarrillo a diario a su lado y le demuestra que no pasa nada. Y todas tus lecciones se hacen añicos por la simple presencia de alguien capaz de hacer que tu hijo o hija adquiera comportamientos tóxicos.

Ante tal distorsión del universo que tú habías creado para él por parte de esa mala influencia, te dan ganas de agarrar a tu hijo o hija y decirle unas cuantas cosas sobre su nuevo amigo y lo poco que le conviene. Pero tienes que reprimir ese instinto visceral. Hablar mal de su amigo no va a ayudar en nada. Puedes intentarlo, pero después no te quejes si ves que se pone de su lado, lo defiende, y busca pegarse más a él e imitarlo para fastidiar, lo cual es lo más probable que haga. Su amigo es para él toda su vida en ese instante de su desarrollo, y lo defenderá a capa y espada. Y tampoco le estarías dando muy buen ejemplo con esa actitud tan irrespetuosa de criticar a los demás, por cierto.

De nuevo, no centres tu discurso en la persona. No ataques a su amigo. Descarga tus argumentos sobre el comportamiento de este. Explícale a tu hijo o hija por qué crees que lo que hace no es beneficioso ni para su amigo ni para él mismo. Remata tu estrategia preguntándole si él o ella haría lo mismo que su amigo sabiendo que solo puede causarle problemas. Esto hará que, en el momento de hacerlo, se lo piense dos veces. Él mismo habrá afirmado delante de ti que sería de estúpidos hacerlo y que él no lo haría nunca.

Tampoco puedes intentar destruir su amistad o prohibirla, o la poca confianza que conserves con tu hijo o hija se verá desintegrada por tal vil traición. No centres tus esfuerzos en evitar alejarlo, invierte tu energía en las consecuencias que tendrá para tu hijo o hija que imite su comportamiento. Castiga las posibles actuaciones que pueda adquirir por la influencia de este amigo, ya que ahí residen tus competencias. Aunque esto no significa que no puedas facilitar el alejamiento. No puedes prohibirle que deje de verlo, pero sí puedes hacerle ver que su cercanía le está perjudicando y que lo decida por sí mismo. Para ello necesitarás mantener una buena comunicación y confianza con tu hijo o hija (¿hemos dicho lo importante que es la comunicación alguna vez a lo largo de la guía?). Con este diálogo constante, puedes hacerle ver que no le interesa tanto contacto con esa mala influencia. Si le haces ver cuánto daño está recibiendo por ello, puede que él mismo decida no acercarse tanto. No le prohíbas esta amistad porque será como lanzar una bomba cuya onda expansiva acabará afectando a la relación con tu hijo o hija, pero trata de hacerle ver que no le conviene para que decida por sí mismo y, sobre todo, que no copie sus malas actitudes.

Las malas influencias pueden cambiar el comportamiento de un adolescente; en lugar de prohibírselas, hay que corregir las posibles acciones que copie de esta amistad y dialogar para hacerle ver lo perjudicial que puede llegar a ser y que decida alejarse por sí mismo.

Salir con la pandilla

Otra de las preocupaciones de los padres no son las amistades de sus hijos en sí, sino las actividades que comienzan a hacer de forma grupal con ellos. De entre estas, la preocupación estrella aparece cuando comienzan a salir de noche de fiesta, debido a que supone la exposición a nuevos peligros, pero hay otras tantas actividades sociales que requieren de un cierto control parental desde la distancia.

Sobre los doce años, los adolescentes comienzan a hacer este tipo de actividades grupales sin presencia de los padres. Suelen empezar a quedar para ir a cenar a alguna pizzería o hamburguesería, hacer algún deporte, ir al cine... Estas primeras tomas de contacto sin padres deberán ser tu punto de partida para que vaya ampliando horizontes progresivamente.

La amplitud de actividades y horarios deberá ir acorde a la madurez de cada adolescente. No a la edad en número, sino a su actitud. Tú como padre o madre sabes hasta dónde y hasta cuándo puede dirigirse tu hijo o hija con seguridad. Si quiere ir a lugares más lejanos, quedarse hasta más tarde o realizar actividades más maduras, tendrá que ganárselo poco a poco. Como hemos visto en otros apartados, utiliza estas recompensas para reforzar su responsabilidad. Ante todo, deja claro que no le estás prohibiendo salir con los amigos, sino permitiéndole o no ciertas actividades dependiendo de su comportamiento.

Te atacará constantemente con el mantra «a los demás sí que los dejan hacerlo». No cedas a la presión de sentirte un mal padre o mala madre por ello. En este aspecto más que nunca, refuerza la idea de que tú no estás prohibiendo nada, sino que es él como individuo el que tiene que ganárselo demostrando cierta responsabilidad. Sus permisos son consecuencia de sus actos. Así, estas salidas dejarán de ser un problema para ti, al convertirse en una oportunidad de reforzar otros aspectos de su etapa adolescente. Utiliza su deseada libertad como un privilegio para recompensar su buena actitud.

¿Quiere salir hasta más tarde? Que te demuestre que puede ser responsable sacando buenas notas y colaborando en casa.

Las actividades sociales sin control parental deberán ser limitadas al principio y más permisivas progresivamente; no le prohíbas salir con sus amigos, enfoca tus restricciones en las actividades en sí y utilízalas para reforzar su responsabilidad: cuanto más responsable se muestre, más permisos obtendrá.

7.
Sexualidad adolescente

Una de las características más notables de la adolescencia es el creciente interés que los adolescentes comienzan a tener por la sexualidad. De repente, se dan cuenta de que entre las piernas tienen nuevas funcionalidades, como si algo se hubiese actualizado ahí abajo.

Sus cuerpos se desarrollan y se vuelven atractivos, los preparan para lo inevitable. Sin embargo, sus mentes no parecen evolucionar al mismo ritmo. Los impulsos provocados por los instintos intentarán acallar cualquier atisbo de razón para lanzarlos a la lujuria adolescente. De no ser así, la especie humana se habría extinguido hace miles de años.

Y los padres son los encargados de reducir esa diferencia entre cuerpo físico y responsabilidad mental. Es imprescindible que, llegado el momento, tengan las herramientas necesarias para utilizar estas nuevas prestaciones corporales de manera adecuada.

Se trata tanto de que eviten las consecuencias negativas, como pueden ser la transmisión de enfermedades o el embarazo no deseado, como de que sean capaces de disfrutar de su sexualidad. Muchos adolescentes se ven sobrepasados hasta el punto de dañar a otros o ser dañados en ese aspecto. Y algo que está diseñado para generar placer puede acabar convirtiéndose en un verdadero rompecabezas para ellos.

Vamos, por lo tanto, a abordar algunos consejos para que tanto tu hijo o hija como adolescente como tú como padre o madre podáis tratar esta transición de una manera natural y saludable.

La masturbación como primer paso en la sexualidad

Antes de comenzar a abordar temas de pareja, vamos a empezar a hablar sobre la sexualidad individual. Antes o después, tu hijo o hija comenzará a encerrarse en el baño o a tardar más tiempo en ducharse. Sí, tu hijo o hija se toca, y así es como empiezan sus primeras experiencias sexuales conscientes.

Y sería conveniente que para entonces ya se haya tratado el tema con naturalidad. Muchos adolescentes pueden llegar a sentirse «sucios», o incluso pueden pensar que hacen algo reprobable. Socialmente siempre se ha castigado, tanto por parte de las creencias religiosas como por parte de los círculos sociales: el que recurre a la masturbación es porque no es capaz de encontrar una pareja y tener sexo «de verdad».

Pero la masturbación es un acto sano y natural, un acto que sirve para conocer el propio cuerpo y darse placer. Hay que romper con los tabúes y mitos que hay sobre la masturbación.

Si quieres que tu hijo o hija no sufra estas represiones, que pueden generar traumas e incluso acabar con problemas sexuales en la edad adulta, tienes que hablar del tema como si de cualquier otro se tratase, dejar de esconderlo, porque así solo harás que parezca algo oscuro. Es complicado hablar de estos temas con los hijos, sobre todo cuanto más creciditos están, por eso es recomendable que se comience a hablar desde la preadolescencia y de manera gradual. Los niños están expuestos a escenas sexuales en la televisión a diario en la mayoría de las series, ese es un buen momento para explicarles qué está sucediendo, siempre de una manera acorde a su edad, por supuesto. En algún momento de la niñez, también empezarán a preguntarse por qué los chicos tienen pene y las niñas vulva, o cómo se hacen los bebés, y es otro momento que puedes aprovechar para empezar a impartir esbozos sobre sexualidad de un modo muy superficial.

Si hablas de forma natural y sin tapujos, abrirás una vía de comunicación que se mantendrá para hablar más seriamente en el futuro. Además, si naturalizas el tema, así entenderán la sexualidad tus hijos cuando tengan que enfrentarse a ella: algo normal y que no hay por qué esconder. Bajo ese enfoque, puedes explicarles que la masturbación es algo agradable, saludable, satisfactorio, que sirve para relajarse y conocerse. Por supuesto, añade que también es algo que ha de hacerse en la intimidad, que no es plan de que vaya haciéndolo en todo momento y en todas partes.

Normalizar las conversaciones también hará que tu hijo o hija no sufra con las temidas poluciones nocturnas. Los adolescentes se avergüenzan de ellas, tratan de esconder sus consecuencias y lo pasan verdaderamente mal. Explícale que si le pasa, no ocurre nada, es normal, su cuerpo está sufriendo cambios porque se está haciendo adulto y esa es una de las consecuencias. De paso, puedes decirle que la masturbación es útil para reducir las poluciones nocturnas, y así verá un nuevo aspecto beneficioso de ella. Dos pájaros de un tiro.

En los chicos la masturbación es más frecuente que en las chicas, pero esto también se debe a unas fuertes connotaciones sociales. Es tu deber como padre o madre romper esos convencionalismos. Vuelve a incidir en la masturbación como un agradable regalo al que todos tenemos derecho y no como algo de lo que arrepentirse ni de un solo género. Y en las chicas hay que explicar que es positivo explorarse para conocer su cuerpo, ya que los genitales femeninos están en su mayor parte por dentro del cuerpo y, aún a día de hoy, se siguen desconociendo.

De igual manera, otra de las cosas a la que han de enfrentarse las chicas en su nueva sexualidad es la temida menstruación. Convendría que supiera de ella antes de que apareciera, para evitarle temores y, por qué no, ahorrarle alguna que otra embarazosa situación social. Si sabe lo que le va a ocurrir a su cuerpo antes de que ocurra, estará mentalmente preparada. Y hay que normalizar la menstruación. La regla es algo natural que indica que el cuerpo funciona, no es algo sucio ni motivo de tabú.

En definitiva, hay que hablar de forma natural sobre sexo. Aprovechar sus primeros acercamientos individuales es una buena forma de prepararlos para tareas más complicadas en el futuro. Es difícil para los padres hablar sobre estos temas, pero conviene tener una buena vía comunicativa en este aspecto. Igual te sorprendes y te das cuenta de que tus hijos saben más cosas que tú. Hoy en día nacen más que enseñados con Internet.

Pero, como hemos visto, en Internet también hay desinformación y falsos mitos, también entorno a la sexualidad.

Y ya que estás enseñándole a conocer su sexualidad en el plano físico, también deberías hacerlo en el plano mental, para que se respete a sí mismo y a los demás. Que entienda que ni el chico que mantiene relaciones sexuales con muchas chicas es un triunfador, ni la chica que lo hace con varios chicos es una casquivana. Es tu labor como adulto inculcar en tu hijo o hija que cada uno tiene derecho a disfrutar de su sexualidad como lo crea conveniente, siempre que lo haga de manera responsable y respetuosa.

Normaliza el tema del sexo hablando de él siempre de manera acorde a la edad del niño y trata con naturalidad sus primeros acercamientos como adolescente a temas como la masturbación, las poluciones nocturnas, la regla...

El control de la pornografía

Cuando tu hijo o hija empiece a sentir interés por la sexualidad, comenzará a buscar información sobre ella para aprender y lo más interesante que encontrará será un medio, digamos, más visual y divertido: la pornografía. Y esa sería una forma un tanto inadecuada de formarse.

Es casi imposible impedir que acceda a contenido pornográfico. Ya no estamos en los tiempos en los que había que tener contactos para que nos pasaran una revista que esconder bajo el colchón. Dicen que Internet fue diseñado para los estudios, pero al parecer por las estadísticas sobre su uso fue diseñado para la pornografía. Y ahora ya no solo se puede acceder a ella desde el ordenador, que podría estar relativamente vigilado. Los adolescentes pueden hacerlo desde su propio móvil. Y de nada servirá que revises su historial porque tienen una opción muy fácil que es activar una navegación oculta que no dejará ni rastro de sus películas más subiditas de tono.

Si bien hay que intentar por todos los medios dificultar su acceso sobre todo a las edades más tempranas, llegará un momento en el que será imposible. Así que, como en otros aspectos, no te queda otra alternativa que prepararlo para la desinformación que pueda recibir.

Será más fácil hablar con tu hijo o hija sobre pornografía si no se lo prohíbes desde un principio, si no siente que está haciendo algo realmente malo visualizando ese contenido. Mantén las vías comunicativas siempre abiertas y podrás darle esa información que no se ve entre esos dos cuerpos dándose placer mutuamente a ritmo de *frames* por segundo.

Explícale primero lo más evidente: que en las relaciones sexuales hay que usar protección, algo de lo que se prescinde en ese tipo de grabaciones. Seguramente ya habrá recibido clases de orientación sexual en el instituto, pero vuelve a incidir sobre ese asunto. En las relaciones esporádicas hay que protegerse de las enfermedades de transmisión sexual y de los embarazos, algo que las grabaciones pornográficas parecen ignorar, con lo que dan una imagen para nada responsable. A juzgar por los argumentos, no es que los protagonistas tengan lo que se dice una relación muy estable y los medios de protección brillan por su ausencia.

Los hijos (especialmente los chicos, ya que estas películas están grabadas para un público masculino y según sus preferencias), han de saber que hay muchas otras visiones sobre el sexo. Hay prácticas que no tienen por qué gustarle a su futura pareja. Mientras que las películas están diseñadas de manera unidireccional, una relación sexual es cosa de dos. Que sepa que cada persona tiene sus gustos y pueden gustarle o no algunas de las cosas que tan acostumbrado está a ver ahí.

También es conveniente para no dañar su autoestima que sepa que lo que muestran es generalmente irreal, que los actores son profesionales y que incluso cuentan con ayudas de la realización. Y no hablemos del tamaño, en esa edad en la que se preguntan si verdaderamente importa. Han de saber que igual para ser actor porno sí es necesaria una herramienta XXL, pero para disfrutar de una relación sexual real no. De la misma manera, también han de dejar tras la pantalla la hipersexualización de los cuerpos. De nuevo, son profesionales cuyas proporciones son adecuadas para su oficio, pero no concuerdan con las que hay generalmente en el mundo real, por lo que no hay que juzgar a nadie.

Además, en la mayor parte de pornografía hay un trato violento y machista hacia las mujeres. El sexo está dominado por el hombre y la mujer se convierte en un mero objeto de placer masculino. Y eso es un muy mal modelo sexual que integrar para los adolescentes.

Puesto que no puedes prohibir a tu hijo que vea pornografía, protégelo de las posibles distorsiones de la realidad que esta pueda causarle: sexo seguro, embarazos, preferencias sexuales y cánones físicos.

El sexo y el embarazo

Ahora sí, vamos a por los asuntos que más preocupan a los padres cuando los adolescentes dejan de reservarse la sexualidad para sí mismos y empiezan a compartirla. Una de las mayores preocupaciones de todo padre o madre es que su hija adolescente llegue un día a casa y le diga que está embarazada. Es curioso, el temor no lo es tanto si es el chico el que dice que ha dejado a su novia en estado de gracia, lo cual no nos deja en un buen lugar como sociedad. Impedir un embarazo no deseado es cosa de dos, y de la misma manera ha de educarse a hijos e hijas, así que sirvan las siguientes líneas tanto para unos como para otras.

Es evidente, sobre todo en este aspecto, que este tema hay que hablarlo con los hijos antes de que comiencen a tener relaciones sexuales. No hay excusas para demorarlo. Aquí un retraso (nunca mejor dicho) puede ser definitivo. Y esto se empieza a tratar desde el mítico «¿cómo se hacen los niños?». Siempre con una información acorde a su edad, los niños y después adolescentes tienen que comprender que una relación sexual puede acabar con una visita de la cigüeña.

Si bien es cierto que en la mayoría de los institutos que dan charlas de orientación sexual se centran en estos temas, es nuestro deber como padres hacer que ese conocimiento quede fijado en su cabeza bajo la llave de la responsabilidad. ¿Qué padre le ha enseñado a su hijo a usar un preservativo? Desde hace bien poco hacia atrás, prácticamente ninguno. Por suerte, ya hay algunos que se atreven a utilizar cualquier cosa con forma fálica como un plátano o un pepino para hacerles una demostración práctica. Recuerda que un mal trago ahora puede ahorrar problemas mucho mayores en el futuro.

Otra cosa distinta es que sepa cómo usarlo, pero no lo haga en el momento decisivo. Y aquí el problema, más que sexual, es de no haber desarrollado como adolescente su responsabilidad y personalidad. Y hablando de personalidad, esta también es necesaria para que tu hijo o hija sepa decir que NO cuando no quiere hacer algo. Como ves, al final todo está relacionado.

¿Y qué pasa si ya es demasiado tarde para haber formado a tu hijo o hija a tiempo para evitar un embarazo no deseado? Ante todo, no hay que culpar, castigar, gritar ni echar las manos al cielo. Si tu adolescente te confiesa que va a ser padre o madre, es porque está agobiado, asustado. Te necesita. Lo último que necesita es que le digas lo irresponsable o estúpido que es, o que le eches una bronca que acabe alejándolo de ti. Quiere que estés a su lado, y de hecho esa es la única forma en la que tú vas a poder ayudarlo.

Explícale la situación y ofrécele alternativas. Ayúdalo a decidir, pero deja que también tome sus decisiones. Si quieren seguir adelante con el embarazo, explícale los nuevos retos que va a tener que afrontar. Puede que tenga que dejar atrás muchos proyectos y diversiones para buscarse un trabajo y cuidar de esa nueva vida. Y si quiere interrumpir el embarazo, explícale también las consecuencias físicas y psicológicas, que decida siempre con argumentos y sé tú la parte pensante y responsable allí donde su mente adolescente no llegue. Pero hazlo siempre estando a su lado.

Para evitar embarazos no deseados, hay que formar al adolescente antes de que tenga relaciones sexuales y combinar la formación con herramientas de responsabilidad; si ya es tarde para ello, la única opción es estar a su lado para ser la parte madura que necesita en esta nueva situación.

Las enfermedades de transmisión sexual

Es curioso: los adolescentes temen más un embarazo no deseado que contraer una enfermedad de transmisión sexual, cuando debería ser al revés. Lo primero solo es una nueva etapa en la vida, incluso algo que tiene «solución», mientras que lo segundo puede ser el final de esta. Eso muestra lo inmunes que se sienten ante las ETS.

La mayoría de las infecciones de transmisión sexual a las que un adolescente en general acaba enfrentándose son molestias menores con tratamiento y solución: ladillas, clamidia, gonorrea... Eso no quita que sea necesaria una buena formación para evitarse estas indeseables compañeras de cama, pero los adolescentes no son realmente conscientes en general de otras enfermedades letales como la hepatitis, el sida o el virus del papiloma humano. Se creen que, con su famoso «tranquila, que yo controlo y la saco antes de tiempo» para evitar embarazos, también están protegidos de estos males (y, por cierto, insisto en que la famosa «marcha atrás» no es un método seguro para prevenir un embarazo no deseado). Conocen las enfermedades, se las han explicado miles de veces en clase, pero, aun así, en el fragor de la batalla sexual, se olvidan completamente de ellas.

Es tu labor como padre o madre subir un grado de intensidad en este asunto para ver si así se activa ese clic que hace desarrollar su responsabilidad. Puedes hablar de gente conocida que haya pasado por ello, hablarle de estas enfermedades de una manera más real. En las clases y charlas no dejan de ser teoría, y se ahorran imágenes escabrosas porque tampoco procede, no es necesario instigar miedo... Pero si son mayores para tener relaciones sexuales, también lo son para ser conscientes del verdadero peligro en el que se meten. No se trata de inspirar temor, ni mucho menos, lo cual podría desembocar en desprecio a las relaciones sexuales, pero sí de que, como padre o madre y conocedor del adolescente, encuentres la intensidad y la forma personalizada de hacer que comprenda la importancia de este tipo de enfermedades.

Los adolescentes se sienten inmunes a las enfermedades de transmisión sexual. Hay que formarlos con la intensidad proporcionada y necesaria para que desarrollen una actitud responsable ante ellas.

Las distintas formas de sexualidad

Qué lejos quedan aquellos tiempos en que lo correcto era la relación entre un hombre y una mujer, y viceversa. Los homosexuales decidieron armarse de valentía y reclamar sus derechos y a ellos le siguieron una cantidad de alternativas tal que ya casi no quedan letras en el abecedario que añadir al movimiento LGTBIQ. De ser inexistentes, estas alternativas han pasado a ser una ya no tan minoría. Y es que la diversidad es maravillosa.

Lo que cada vez sí está más en minoría, por suerte, son los homófobos que se resisten a respetar este abanico de opciones sexuales. Aunque los hay, son la excepción. La sociedad, por suerte, no tiene otro remedio que asumir la realidad, la diversidad, y lo está haciendo (aunque parece que a ritmo de tortuga).

La mayoría de las personas lo entiende, acepta la diversidad. Cada uno tiene derecho a disfrutar de la sexualidad como lo crea conveniente, siempre con respeto. Con alguien de su mismo sexo, compartida con varias personas... Sin embargo, en muchos padres hay un chip que los hace más conservadores. Todavía se hace difícil aceptar que un hijo o hija sienta una opción que se sale de lo tradicional, de la mayoría.

Así que este consejo no va para que lo apliques a tu hijo o hija, sino para que lo utilices tú como padre o madre: hay que aceptar la diversidad de opciones sexuales de los hijos porque el respeto es lo más noble a lo que todo ser humano debe aspirar. ¿Qué pasa si tu hijo o hija es homosexual? Él es así, o ella es así, y así va a ser feliz si se le respeta. ¿Y quién no quiere la felicidad para su propio hijo o hija? Puedes hablar con él o ella, pero no con la intención de hacerle cambiar de idea, sino para asegurarte de que se siente bien. Y lo más seguro es que solo sirva para que tú te des cuenta de lo convencido que está y que aquí solo hay una persona que tiene que asumirlo: tú.

Si tú aceptas esa opción, tu hijo o hija se ahorrará mucho sufrimiento. Bastantes dificultades les ponen los demás como para que sus propios padres también lo hagan. Es cierto que un padre o madre también sufre no porque su hijo o hija haya optado por una opción que ellos no querían, sino porque esta opción tiende a complicarles la vida en muchos aspectos. Lamentablemente sigue siendo así en muchos ámbitos.

Pero tú estás ahí para facilitársela, ¿no? Si en lugar de aceptar su decisión, la recriminas y lo desprecias por ello, no va a querer que estés ahí cuando de verdad te necesite. No te tomes la noticia como una desgracia, sino como una oportunidad de aprender de él o ella, de su valentía y de su amplitud mental. Una sociedad que respeta siempre hará que el mundo sea mejor.

La diversidad de opciones sexuales es una realidad, como lo es que tu hijo puede decidir entre ellas; si desprecias a tu hijo por escoger una opción distinta a la que tú deseas, solo serás uno más de esos que le complican la vida por tener el valor de aceptar lo que verdaderamente lo hace feliz.

8.
La autoestima adolescente

Una autoestima equilibrada es algo vital en la vida de toda persona, ya que incide de manera directa en el comportamiento y en la forma de entender la felicidad. Es tan sencillo como que una buena autoestima puede hacer que alguien se sienta alegre independientemente de los factores externos y una baja autoestima puede llevar incluso a episodios de ansiedad, a hacer que cosas sin importancia o incluso inexistentes pesen como una losa en el interior de la persona.

En este sentido, es muy fácil empatizar con los adolescentes. A nadie, independientemente de la edad, le gusta que le digan que es feo, que lo hace todo mal o que no tiene ni idea de algo en concreto. Da igual la edad que tengas, el cuerpo responde a la infravaloración de la misma manera para un adolescente que le dicen que es un paquete jugando al fútbol que para un adulto al que le aseguran que ya no ligaría ni aunque lo intentara.

Pero en el caso de los adolescentes, además, estas sensaciones están elevadas a la millonésima potencia. Viven en ese limbo en el que no saben muy bien en qué posición están entre el niño y el adulto, en la incertidumbre total. Con esa fragilidad, necesitan empezar a tener seguridad, a sentirse alguien, a empoderarse. Saber que poseen aspectos valiosos los sube al cielo, mientras que evidenciar sus defectos los devuelve de golpe a la tierra.

Los cambios en la autoestima también los afectan de manera más fuerte debido a su escasa resistencia a las opiniones ajenas. Como adultos, sabemos que tenemos nuestras imperfecciones, y no nos importa que salgan a la luz porque sabemos que las suplimos con otros puntos fuertes. Nadie es perfecto. Tenemos la capacidad de hacer que las opiniones ajenas nos afecten menos. En principio, ningún adulto se mete ya en las peleas de barrio por simples dimes y diretes. La mayoría somos conscientes de que las opiniones externas no dejan de ser más que eso: otro punto de vista. Los adultos ya tienen formado el suyo propio para contrarrestarlo.

En cambio, un adolescente todavía no tiene la personalidad formada. No sabe defenderse de situaciones que lo hacen sentirse infravalorado. Sin ese escudo, los ataques pueden llevar a problemas emocionales. Por eso, vamos a ver algunos consejos para que, como padres, reforcemos esa autoestima que los hará vivir una adolescencia feliz.

Cómo equilibrar la autoestima de un hijo adolescente

Si bien tratar la autoestima de un adolescente tiene mucho que ver con el aspecto en concreto que le afecte, hay varias generalidades que pueden ser útiles para que tu hijo o hija tenga una autoestima equilibrada en todos los ámbitos. Ojo, estas acciones no son necesariamente para mejorarla, sino para que esté en unos niveles óptimos. Tener un exceso de autoestima puede ser también perjudicial, un adolescente excesivamente empoderado puede convertirse en un ser intratable y explosivo.

Para conocer qué niveles son adecuados, es necesario saber que un niño utiliza a sus padres como referencia. Considerará que está bien lo que ellos le digan que está bien. Tenderá a cumplir las expectativas que estos establezcan. Si tú le dices a tu hijo que tiene que ser como Messi, no te extrañe que salga enfadado de los partidos si no ha metido tres o cuatro goles, incluso aunque su equipo haya ganado. Se sentirá irrealizado constantemente.

Los adolescentes no tienen la experiencia en el mundo necesaria ni el criterio propio formado para establecer sus propios límites satisfactorios. Así que ten mucho cuidado con tus exigencias. Si las subes mucho, se frustrarán continuamente. Si, en el sentido contrario, proteges tanto a tu hijo o hija que le dices que cualquier cosa que hace está bien, se relajará demasiado y se dará cuenta cuando salga al mundo real de que la vida es bastante más dura y complicada, y se sentirá inútil cada vez que intente cumplir un objetivo.

Saber establecer estos límites requiere que un padre o madre conozca bien a su hijo o hija y que, sobre todo, lo acepte tal y como es. A todos nos gustaría que nuestro hijo tuviera el talento musical de Bon Jovi o que nuestra hija actuara como Emma Watson, pero no todas las personas tenemos la misma suerte en el reparto de habilidades. Esto no significa que se le excuse de aprender y esforzarse, ni mucho menos. Todos tenemos cierto margen de mejora. Pero las exigencias deberían ir enfocadas exclusivamente a que el adolescente mejore respecto a sí mismo periódicamente, que solo se compare consigo mismo y no con el resto. Su único rival tiene que ser él. Esto va también y sobre todo para las odiosas comparaciones entre hermanos. Cada hijo o hija es distinto y responde de distinta manera a su entorno; decirle que está por debajo de alguien que está en sus mismas condiciones puede ser un mazazo letal a su autoestima.

Y esta apreciación también va en doble sentido. También los padres quisieran ser los mejores en algo para poder ser un gran ejemplo para su descendencia. Pero, si no es posible, hay que aceptarse a uno mismo. ¿Sabes en lo que sí puedes ser un gran ejemplo? En demostrarle que no es necesario tener habilidades extraordinarias para ser feliz.

Y de igual manera que tienes que conocer sus límites para saber hasta dónde debe aspirar, es igualmente importante conocer en qué punto se encuentra. Para eso hay que escucharle, y adivina en qué aspecto vamos a reincidir: mantener una buena comunicación con tu hijo o hija. Puede que estemos presionándole más de lo que pensamos sin darnos cuenta. Los adolescentes son herméticos, son capaces de resistir grandes presiones sin expresar sus sentimientos, sobre todo a sus padres. O puede ocurrir lo contrario: que no le estemos exigiendo prácticamente nada y se esté aprovechando de ello para dar rienda suelta a la pereza, algo que tampoco sería bueno para su autoestima porque no estaríamos reforzando su capacidad de esfuerzo y consecución de objetivos, y más tarde o más temprano lo acabará acusando.

*Como padres, tenemos que mantener equilibrada
la autoestima de nuestros hijos manteniendo
sus exigencias y responsabilidades dentro de unos límites
individuales y escuchando sus sensaciones para saber
si se encuentran presionados o sobreprotegidos y poder
establecer esos límites.*

La autoestima y los trastornos alimentarios

Uno de los aspectos más importantes en los que incide una autoestima desequilibrada son los trastornos alimentarios, por su frecuencia y por el peligro que pueden suponer para su salud. En esa etapa en la que sus cuerpos cambian y se transforman en una herramienta capaz de ser decisiva en su tan ansiada popularidad, la falta de su personalidad, evidente a estas edades, puede convertirse en una peligrosa vía hacia la anorexia o la bulimia.

Lo de sentirse afectados por un cuerpo indeseado nos pasa incluso a los adultos. Cuando nos subimos en la báscula y esta marca unos kilos de más, no nos hace lo que se dice mucha gracia. Eso también se nota cuando metemos barriga al mirarnos al espejo. Pero los adultos nos sacudimos esta presión rápidamente: ya empezaremos a hacer deporte el lunes (de nuevo).

Sin embargo, un adolescente no es capaz de gestionar sus sentimientos sobre su cuerpo con tanta facilidad, también porque, además de ser más sensible, se encuentra en un entorno más cruel. Un adulto solo puede recibir un «estás de buen año» por parte de un amigo o familiar, mientras que, a un adolescente, en un alarde de originalidad, se le puede acabar poniendo el mote de «el gordo» o de «la gorda», entre otros.

También se encuentran en esa etapa en la que empiezan a introducirse en los noviazgos desenfrenados, en el amor adolescente, y ver cómo los compañeros que están en mejor forma disfrutan de más frecuentes y mejores relaciones de este tipo es doloroso. Y al final, todo ello los convierte en seres muy susceptibles de sufrir algún tipo de trastorno alimentario.

Para detectar si tu hijo o hija puede estar sufriendo algún tipo de estos trastornos, puedes observar algunos aspectos a la hora de comer. Tienden a dejarse comida, a ingerir menos cantidades. No obstante, controlarlo para que coma adecuadamente se convierte en una tarea dificultosa. Si el adolescente se lo propone, va a ser muy complicado que controles su alimentación. Tratará de ingerir lo menos posible y expulsará todo lo que se proponga cuando pueda. Por lo tanto, la prevención de estos trastornos tiene que ver más con aspectos mentales que con la férrea supervisión de su alimentación y con obligaciones sobre esta.

Es muy difícil que un hijo o hija diga abiertamente a sus padres que quiere perder peso, sería para él asumir ese fracaso que siente al verse fuera de forma. Sería estupendo que la comunicación fuera abierta y se hablara sobre el tema, porque eso permitiría tranquilizarlo y ayudarlo. No nos engañemos, decirle «si estás muy bien» cuando sabemos que no lo está, según los cánones estéticos sociales, no le será muy útil. Si es evidente que tiene sobrepeso, siempre se le puede decir de una manera moderada que «igual solo es necesario que te pongas un poquito más en forma» y ofrecerle soluciones como hacer más deporte y cuidar un poco la dieta, pero por salud, no por estética.

Si la iniciativa no sale del propio adolescente y no encontramos la manera de hablar sobre el asunto, el cambio puede surgir de los propios padres. «A partir de hoy en casa vamos a seguir unos hábitos saludables», sin utilizar al hijo o hija como foco, sino al conjunto general de la familia para introducir nuevos hábitos cotidianos que repercutirán en el estado de forma del adolescente. Porque, oye, a nadie le viene mal una buena motivación para cuidarse, y qué mejor que ayudar a un hijo o hija de manera indirecta.

Esta estrategia funcionaría mejor si los hábitos se incorporan desde que el adolescente es solo un niño. Así no sentirá que es algo forzado, podría darse cuenta de tu estrategia. En cambio, si siente que se come de manera saludable y que se hace ejercicio con regularidad porque en su casa siempre se ha hecho así, no sentirá que se comienza a hacer por él. Además, lo más seguro es que, si ha seguido esas pautas desde niño, ya esté gozando de un estado de forma saludable.

En los casos extremos en que el problema no es el sobrepeso, sino la percepción que tiene el adolescente de sí mismo, que se ve obeso cuando no lo es, si bien hay que hacerle entender que las cosas no son tal como las cree (y en este sentido su círculo de amigos son los que más peso tienen), no hay que desestimar la ayuda profesional, pues el origen del problema está relacionado con trastornos más bien mentales.

En general, el asunto del sobrepeso afecta principalmente a las chicas porque la sociedad siempre las ha presionado más con la falsa necesidad de mantener una figura delgada y estupenda, pero un padre o madre no debe cometer el error de pensar que los chicos son inmunes a ello. Muchos de ellos también sufren en ese aspecto y hay que estar atentos a cualquier comportamiento extraño.

Además, con la presencia de las redes sociales de culto al cuerpo y a la belleza estética, como lo es Instagram, estos casos de trastornos de la conducta alimentaria no han hecho más que aumentar.

En cambio, lo que sí afecta más a los chicos es el tema de la musculación. Empiezan a ver cómo los cuerpos tonificados atraen más a las chicas y muchos de ellos pueden padecer al sentirse flojos y débiles. Una vez más, la solución no es restarle importancia al asunto ni decir que es joven para apuntarse a un gimnasio. Nunca es una mala edad para hacer ejercicio, siempre acorde a cada individuo, y así fortaleceremos el concepto de que, si algo quiere, tendrá que esforzarse (nunca mejor dicho). Por supuesto, todo esto ha de expresarse con tacto y siempre con la idea de que no necesita tener músculos para ser feliz, pero, si quiere entrenar para sentirse mejor, anímale a ello.

Ocultar problemas de sobrepeso o restarles importancia no ayudará al adolescente. Si bien puede no tener la personalidad aún formada para aceptarlos, hay que ayudarle mentalmente a aceptarse, pero a la vez apoyarle para enfrentar su problema. En cambio, si sus trastornos alimentarios tienen más que ver con su propia percepción que con la realidad, puede llegar a ser necesaria ayuda psicológica.

La autoestima y las redes sociales

Las redes sociales se han convertido en un escaparate al mundo para mostrarse como a uno le gustaría que lo vieran. Se publican fotos, pensamientos, opiniones y se crea una versión virtual que se diferencia, según cada caso, de la realidad tras la pantalla. De ahí que el querer aparentar en las redes tenga su nombre propio: «postureo».

En el caso de los adolescentes, las redes sociales son una herramienta más que utilizan para conseguir (o no) esa popularidad tan deseada. El aliciente en este caso es que esa fama se puede cuantificar: el número de *likes*, los seguidores, los comentarios... Todo puede comprobarse de un simple vistazo, de manera subjetiva, creando una absurda competición virtual. En ese mundo, es más fácil decidir quién es más popular porque lo dice un número, de manera que estas cifras influyen irremediablemente en la autoestima del adolescente. Puede que la falta de interacciones sea virtual, pero su sensación de no sentirse popular es real.

Tanto los afecta que ya son varios países los pioneros en prohibir las estadísticas públicas. Irlanda, Italia, Japón, Australia y Nueva Zelanda ya han ocultado los «me gusta» en la red social Instagram, de manera que se pueda evitar esta guerra de popularidad cibernética.

El efecto que causan las redes sociales en la autoestima de un adolescente es proporcional a las horas que pasa en ellas. Si está todo el día en Instagram, lo que ocurra ahí dentro le afectará de manera total. En cambio, si utiliza las redes sociales esporádicamente, esta será su menor preocupación, ya que su atención estará puesta en otros aspectos más tangibles.

Por lo tanto, lo primero que puedes hacer es limitar su exposición a esta falsa popularidad digital manteniendo una supervisión sobre su acceso a Internet. Cómo hacerlo, ya lo hemos visto en el apartado anterior. También ayudaría que le ofrecieras alternativas, actividades al aire libre y con contacto directo que le gusten y le apasionen. Todo es relativo. Si disfruta con su equipo de básquet, le importará bien poco lo que ocurra en su teléfono móvil aparcado en la mochila mientras entrena.

Fortalecer su personalidad también sería esencial para que sea inmune a estas nuevas formas de popularidad y que no calcule su valor como persona en función de los «me gusta» virtuales recibidos. Tiene que entender que se trata de un simple juego de adolescentes, que los adultos no se preocupan tanto por esas cosas (en teoría) y que conforme madure se dará cuenta, aunque siempre tienes que enfocar estas conversaciones con empatía, teniendo en cuenta lo importante que es para él a su edad.

También el anhelo de popularidad virtual puede llevarlos a realizar acciones poco recomendables, y es necesario estar atentos a ello. Por ejemplo, pueden subir fotos sugerentes, impropias para su edad, sabiendo que estas tienden a atraer más la atención y a cosechar buenos resultados. En este caso necesitan saber que cualquiera puede tener acceso a sus fotografías, ser conscientes del peligro que eso conlleva y hay que mantener una supervisión sobre sus publicaciones en función de la responsabilidad que vaya mostrando.

El problema de la popularidad en las redes sociales es que puede cuantificarse fácilmente y de manera pública, lo cual puede afectar a su autoestima; es importante que sea capaz de distinguir entre realidad y virtualidad y aumentar sus actividades fuera de Internet para que estas no sean tan determinantes.

La autoestima y la cultura del esfuerzo

Uno de los factores que más afectan a la autoestima de los niños y adolescentes es el hecho de consentírselo todo y darles todo aquello que piden. Hoy en día, la mayoría de los adolescentes tienen lo que quieren. Y si no lo tienen, solo han de abrir la boca para conseguirlo. Los padres se esfuerzan en que no les falte de nada. Al fin y al cabo, son lo que más quieren de este mundo y desean que no sufran ninguna carencia. Pero eso no los convierte en mejores padres, ni mucho menos. Consentírselo todo a los hijos no ayuda en nada a su desarrollo y a su proceso de formación como personas.

Un adolescente que lo consigue todo solo con pedirlo no desarrolla la cultura del esfuerzo. No es consciente de que, cuando tenga que conseguirlo por sí mismo, cuando ya no tenga a nadie que se lo consiga todo, la cosa no será tan fácil. Y conforme van ganando independencia en la adolescencia, acusan esa falta de competitividad. A la mínima que tienen que esforzarse para obtener cualquier cosa y no consiguen resultados, se frustran.

Y más hoy en día que están acostumbrados a la inmediatez de Internet, donde todo lo tienen rápido a golpe de un simple clic. Pero la vida no siempre es tan fácil, y eso los frustra.

Y lo que de niños solucionaban con una rabieta, ahora lo padecen en forma de baja autoestima. Se sienten inútiles, incapaces de cualquier cosa. Cuando se les concede todo aquello que desean de pequeños, convirtiendo a los padres en una especie de genios de la lámpara maravillosa con deseos infinitos, se transforman en incompetentes. Un adolescente que no desarrolla sus capacidades, que no trabaja la gestión de la frustración, ve caer su autoestima en picado al sentirse totalmente incapaz en los nuevos retos que ha de afrontar. Y las consecuencias de esa impotencia se acaban manifestando en la dificultad de aprender a valerse por sí mismo y ser feliz.

Al adolescente al que se le concede todo lo que pide se le convierte en un incompetente, y cuando tiene que conseguir las cosas por sí mismo y se siente incapaz de ello, sus niveles de autoestima decaen notablemente, lo que genera infelicidad.

9.
Bullying

Uno de los temas que más se han popularizado en los últimos tiempos, por desgracia, es el acoso escolar, tanto que ha llegado a tener su propio nuevo nombre de moda: el *bullying*. Este tipo de acoso no es que sea algo novedoso, pero la sociedad sí parece haberse despertado y sensibilizado respecto a este problemático asunto.

En los centros educativos siempre ha habido abusones y abusados. Pero históricamente se ha ocultado bajo la manta del «cosas de críos», «es normal a esas edades» o, en un alarde de insensibilidad, «así se hacen fuertes». De hecho, al acosado no solo le oprimían los gamberros de turno, sino la propia sociedad. Si se atrevía a hablar de su situación, era tratado como un cobarde incapaz de defenderse, y por eso prefería estar callado por vergüenza, silenciando aún más un tema que lo hacía gritar por dentro.

Actualmente, parece que al menos una parte de la población se ha dado cuenta de lo doloroso y traumático que puede llegar a ser sufrir acoso escolar. Los adolescentes pasan la mayor parte del tiempo en el instituto, por lo que acudir allí puede convertirse en un infierno diario, durante muchas horas. El miedo permanente y la sensación de tener que estar en un sitio en el que los angustia estar no es para tomárselo a broma ni para pensar que es cosa de niños. Sí, los adolescentes a veces son crueles, eso es cierto. Pero los adultos lo somos aún más por mirar hacia otro lado.

Hoy en día, muchos hijos se atreven a hablar con sus padres cuando son acosados, y eso ya es un avance. Es importante que el niño que sufre *bullying* sepa que no es su culpa, que no es un cobarde. Pero aún queda mucho por mejorar en el segundo aspecto: que esa información que el hijo o hija proporciona tan valientemente sea útil. Los institutos parecen no responder, «en sus centros nunca pasa nada», como si la existencia de acoso fuese una señal de desprestigio que tienen que ocultar.

Así que, en ese punto en el que estamos, vamos a ver cómo podemos contribuir a que esta lacra se extinga y, mientras tanto, afecte menos a nuestros hijos.

Cómo saber si tu hijo sufre *bullying*

Muchos padres no saben si su hijo o hija sufre acoso escolar o no. No tienen ni idea de lo que le pasa en el ámbito social cuando están en el instituto. Y en casa, el mutismo natural de los adolescentes se acentúa, es normal que se sientan cohibidos a la hora de decir: «En el instituto se burlan de mí, me roban, me pegan y me hacen la vida imposible». A nadie le gusta reconocer algo así, y menos delante de unos padres que se supone que esperan de él algo más que ser el objetivo de los abusones de la clase. En algunas ocasiones, el hijo o hija sí tiene la capacidad y la valentía de contárselo a sus padres. Lo hará si tiene confianza con ellos. Así que, una vez más, mantén-una-comunicación-abierta-con-tus-hijos. Para que este suceso mágico suceda, puedes facilitarlo hablando sobre el tema del acoso escolar antes de que él lo sufra, como siempre normalizando el tema en familia. Desde temprana edad, hazle entender la situación como lo que es: el abusón actúa de una manera socialmente reprobable y él, y solo él, es el que debe estar avergonzado. Si interioriza que la víctima no tiene nada de lo que avergonzarse o nada que esconder, no tendrá reparos en expresarse si llega a sufrir acoso escolar.

De la misma manera, si eres capaz de que entienda algo así, estarás minimizando la posibilidad de que él mismo se convierta en un acosador en potencia. Si lo ve como algo vergonzante y no como algo divertido, puede que a la larga lo rechace y no se convierta en un abusón. Y eso, al fin y al cabo, es lo único capaz de erradicar el acoso escolar. Es en este punto en el que, como padres, tenemos toda la responsabilidad. Tanto inculcar una mentalidad de desprecio al abuso como corregir las acciones de acoso de sus propios hijos son las herramientas más poderosas que los padres tienen para acabar a la larga con el acoso escolar. Lo demás no deja de ser intentar poner parches a una problemática causada por unos padres que no supieron educar a sus hijos.

Pero, volviendo al tema de la víctima, como lo normal es que tiendan a no decir nada, vas a tener que hacer de detective para poder adivinar si tu hijo o hija sufre acoso escolar. Y estas son las pistas que deberías seguir: los cambios de humor, los dolores recurrentes para no ir a clase, un estado de ánimo triste o serio constante, señales físicas de golpes o peleas, rechazo al colegio o instituto, cambios en las calificaciones o poco apego a las actividades con compañeros de clase.

Todos esos síntomas pueden indicar que sufre acoso escolar, pero para poder actuar es conveniente que sea él quien finalmente lo admita. Utiliza todas las señales como una llamada a dialogar urgentemente con él y, siempre con delicadeza, ábrele las puertas para que se sienta cómodo a la hora de hablar del tema, y felicítale si al final consigue abrirse. No es una vergüenza sufrir acoso escolar, es un héroe por tener el valor de hablar del tema, y solo si lo entiende así podrás tener una vía comunicativa abierta.

Si tienes una buena comunicación con tu hijo, puede que te cuente que sufre bullying, *pero como lo normal es que no lo haga, presta atención a las posibles señales de ello: comportamiento extraño, estado de ánimo apagado, rechazo a ir a clase y a realizar actividades con compañeros escolares...*

Cómo actuar con un hijo que sufre *bullying*

En primer lugar, hay que mantener la calma. A ningún padre o madre le gusta que su hijo o hija sea acosado, y lo primero que le apetece al enterarse es darle «un par de guantazos» al acosador. Además, es un tema que no se suele solucionar de un día para otro, y ver constantemente los abusos que sufre un hijo o hija puede acabar con la paciencia de cualquiera. Pero es importante crear un clima de tranquilidad, eso hará que el adolescente se sienta más cómodo para hablar de ello, y si tú actúas de manera que la situación te supera y no puedes controlarla, transmitirás miedo e incertidumbre. Mantén la calma, demuestra que tienes el control y él entenderá que puedes ayudarlo y se sentirá seguro.

Haz que sienta que puede expresarse. Poder soltar sus emociones de vez en cuando hará que se desahogue con frecuencia. Una víctima de acoso escolar tiende a no contar nada, a quedárselo todo dentro «hasta que no puede más». Darle la opción de que pueda hablar cuando lo necesite le dará un respiro y le hará algo más llevadero este largo proceso.

Asegúrale también que su situación tiene solución, y que antes o después la vais a encontrar. Utiliza ejemplos de cómo él llegó a solucionar problemas en su pasado; este solo es uno más que también conseguirá superar. La perspectiva de que tendrá solución lo hará todo más fácil.

Céntrate en fortalecer su autoestima. Este tema ya se ha comentado en capítulos anteriores, pero en este asunto se hace esencial. Los actos de acoso serán más efectivos en tanto que la víctima se sienta más débil. Y cuanto más efecto ven los acosadores, más se crecen y disfrutan con ello. No se trata de decirle a nuestro hijo o hija que se defienda a base de golpes, ni mucho menos, sino que lo haga con personalidad. En primer lugar, que sea lo más inmune posible a las risas o comentarios ajenos. Si es capaz de mantenerse imperturbable, a los acosadores ya no les hará tanta gracia meterse con él, se aburrirán y buscarán otro entretenimiento. Reforzar su autoestima hará que no le afecten las burlas, que entienda que los comentarios no son reales. Que su respuesta mental sea «eso es lo que piensa o dice el acosador, pero yo sé que no es así».

Si bien tiene que obviar los actos de los acosadores y hacer que no le afecten para que estos se aburran, también tienes que dejarle claro que hay límites que no se pueden exceder. Una posible respuesta de los acosadores ante la indiferencia es aumentar la intensidad de sus actos. Hay acciones que no se pueden permitir y que hay que erradicar de inmediato, y esos límites tienen que estar claros.

Si un hijo sufre bullying, *tenemos que transmitirle tranquilidad y la certeza de que su problema se solucionará y que podemos ayudarlo con ello. Debemos reforzar su autoestima, su personalidad y hacerle ver que debe ignorar a los acosadores y sus acciones, siempre dentro de unos límites.*

La ayuda externa contra el *bullying*

La víctima de acoso escolar a menudo se siente sola, aislada, cree que nadie puede hacer nada por solucionar su problema. Sin embargo, tiene que comprender que no es así; cuantos más aliados tenga a su alrededor, más esperanzado se sentirá y menos agobiado.

El primer aliado en esta guerra debería ser el centro educativo. En la mayoría de los casos, estos no están informados de los casos de acoso, simplemente los desconocen, ya que los acosadores tienden a actuar cuando no hay profesores ni personal adulto alrededor y la víctima no dice nada para no sufrir represalias. Debemos, por lo tanto, informar al centro, aunque es conveniente ser cuidadosos en este aspecto, ya que los abusones podrían tratar a la víctima como un «chivato» y empeorar la situación.

Por ello, en primer lugar, se puede informar al centro para que simplemente supervise a nuestro hijo o hija y su entorno, sin necesidad de que se tomen medidas de forma directa. De esta manera, simplemente al estar más atentos, pueden descubrir al acosador en alguna de sus tretas y tomar represalias no porque alguien haya dado un chivatazo, sino porque ha sido sorprendido en vivo y en directo. O también podrían evitar de manera indirecta el contacto entre ambos. En cualquier caso, no esperes gran respuesta por parte del centro, en la mayoría al parecer «están demasiado ocupados con sus tareas escolares como para hacer de vigilantes». Como si preocuparse del bienestar de los alumnos no fuese una tarea importante. Pero tampoco descartes esta opción de contar con ellos, porque gente comprometida hay en todos lados y sí hay centros escolares implicados en la causa. Además, si aun estando informados no hacen nada, siempre puedes dar parte a instituciones mayores o crear alguna organización local, de manera que se ejerza presión para que pongan medios.

Si los actos de acoso superan los límites infranqueables, entonces sí será necesario que el centro tome medidas directas, aunque el acosador descubra que su víctima lo ha contado todo, porque ese sería un mal menor. Aunque lo cierto es que para estos casos los centros deberían tener un protocolo de actuación más desarrollado y elaborado, ya que este a menudo se basa en la expulsión del acusador, que acaba volviendo con más fuerza. Conviene estar en contacto directo y constante con el centro, saber lo que van a hacer en cada momento. Y si no aplican medidas más eficaces o suficientes, al menos que no sea por desinterés.

Recuerda que otra gran aliada en esta batalla es la ayuda psicológica. Esta puede ser útil en cualquier momento del proceso de acoso escolar. Aunque este se encuentre en sus primeras fases, o consideremos que no es grave, la ayuda de un experto en psicología puede ser decisiva para que el adolescente aprenda a tratarlo y no vaya a más, dándole las herramientas mentales necesarias para que no le afecte. Necesitará una gran fortaleza mental para enfrentar este problema que a menudo piensa que no tiene solución. En casos más duros, la ayuda ya no es solo aconsejable, sino necesaria. En casos extremos, muchas víctimas de *bullying*, al verse tan afectadas y no disponer de esta ayuda, han decidido ponerle fin al acoso de manera irreversible.

Y como padres, también hay que buscar esa ayuda externa en cualquier parte. Seguro que el acosador ha tenido otras víctimas antes. Contacta con los familiares de sus anteriores víctimas para poder saber cómo se libraron de él: qué hicieron, qué pasos siguieron, cuál fue la clave... Hablar con otras víctimas que también superaron este trance o con personal que trabaje en el entorno escolar también puede ser muy útil para adquirir una perspectiva más eficaz. Toda información puede ser valiosa para encontrar la solución.

Existen diversas fuentes de ayuda externa a las que se puede recurrir en caso de acoso escolar: el propio centro educativo, ayuda psicológica, las fuerzas de seguridad y el Teléfono Contra el Acoso Escolar.

El ciberacoso

En estos tiempos en que los teléfonos móviles parecen haberse convertido en una extensión del brazo de los adolescentes, no debemos olvidar que existe un nuevo tipo de acoso escolar cada vez más frecuente: el ciberacoso.

El ciberacoso es un tipo de *bullying* que se realiza a través de las aplicaciones móviles, las cuales son utilizadas para difundir insultos, burlas, humillaciones, mentiras, rumores, fotografías comprometidas... La tecnología, esa arma de doble filo, permite en este caso que las acciones de acoso puedan extenderse en cuestión de segundos hacia miles y miles de personas, con el añadido de que los acosadores se sienten seguros y envalentonados tras la pantalla. Aunque el medio de acoso es digital, el daño que puede llegar a causar es real.

La capacidad de propagación de este medio es elevada. Un simple error de interpretación a través de estos medios puede prender la mecha de una gran explosión. Por ejemplo, un simple mensaje sin mala intención de una amiga puede ser interpretado como una crítica por la destinataria (a todos nos ha pasado con la mensajería en forma de texto, en la que un consejo puede convertirse en un ataque personal). La amiga afectada puede entonces empezar a insultarla como respuesta a través de WhatsApp día y noche. Y la cosa no quedaría ahí, también podría compartir las conversaciones en Instagram, y esos insultos llegarían a cientos de personas. Los adolescentes se enfadan constantemente unos con otros, hacen las paces y vuelven a pelearse días después, y las redes sociales se han convertido en un *ring* perfecto capaz de dar un calibre inesperado a estas batallas.

Otro factor que favorece el acoso a través de los medios digitales es el anonimato. Cualquiera puede crearse una cuenta falsa, sin identificar, y publicar ataques contra una víctima sin que llegue a saberse quién es el culpable, lo que dificulta poner soluciones. Si no se sabe quién lo está haciendo, va a ser difícil capturar a ese fantasma.

Es por eso que como padres tenemos que ser conscientes de que este tipo de acoso también existe y que así lo entiendan también nuestros hijos. Este acoso puede ser más dañino que el tradicional, y tenemos que actuar con la misma contundencia que contra él.

Además de las utilizadas para el acoso tradicional, existen otras medidas especiales que podemos tomar y que tienen que ver con este nuevo modelo de ataque. Para empezar, hay que evitar en la medida de lo posible la excesiva exposición en redes sociales y el uso del teléfono móvil. Y educar en el civismo y el respeto en estos entornos virtuales. En el caso de las redes sociales, estas deben ser privadas, que decida el adolescente quién puede participar en ellas, y las contraseñas deben ser bastante seguras para que no puedan hacerse con el control de sus aplicaciones. A su vez, ha de ser consciente de lo que comparte; unas fotografías comprometidas pueden ser un muy buen material de acoso. Tampoco conviene responder a provocaciones de ciberacosadores porque es muy fácil empezar una guerra digital que convertirá una simple anécdota en una enorme bola de nieve. Además, contra el ciberacoso tenemos una ventaja y es que podemos conservar pruebas visuales. Cualquier conversación utilizada para insultar o publicación impropia en una red social puede ser capturada y utilizada como prueba del acoso. Mientras que en el acoso escolar tradicional todavía se sigue culpando a la víctima con frases como «es que se queja de todo» o «no será para tanto», aquí se pueden conseguir evidencias objetivas que además actúan como pruebas ante las fuerzas de seguridad.

Y, por supuesto, lo más importante es que el adolescente sea capaz de entender la gravedad que puede llegar a tener el ciberacoso y que sepa que tiene las puertas abiertas a hablarlo contigo para disponer de más ayuda externa en caso de que lo necesite.

El ciberacoso es una nueva forma más expansiva del acoso tradicional y ha de ser tratada con la misma importancia, combinando métodos antiacoso tradicionales y propios de las nuevas tecnologías.

10.
Rendimiento escolar

Para finalizar, trataremos el asunto del rendimiento escolar. Como se suele decir, abordamos este tema el último, pero no por ello es el menos importante. De hecho, las notas son una de las mayores preocupaciones de los padres y a menudo se utilizan como el epicentro de su educación. La Tierra gira alrededor del Sol como lo hace la vida del adolescente en torno a sus calificaciones.

Si el hijo o hija saca buenas notas, se le permiten más cosas, tiene más beneficios y su vida es un conjunto de alabanzas y de gloria que desemboca en el bienestar familiar. En cambio, si cosecha unos cuantos suspensos, los castigos son proporcionales a los suspensos, el malestar se instala en el hogar y todo se convierte en discusiones.

Utilizar su boletín de notas como el mapa a través del cual establecer su educación es un arma de doble filo.

Evidentemente, tiene que comprender la importancia de su rendimiento escolar, y las notas son un elemento cuantificable e indiscutible durante la educación secundaria obligatoria (ESO). No le castigas porque tú quieres, sino porque sus notas, que son algo numérico y establecido, lo han decidido.

Pero el sistema del palo y la zanahoria es un método un tanto rudimentario para aplicarlo a lo que será el centro de su vida. Estudiar es prácticamente su única tarea obligatoria a su edad. Sería conveniente que llegara a comprenderlo más allá de un «si estudio, tengo premios, si no, me castigan». Es un buen momento para aplicar técnicas que fomenten su responsabilidad y personalidad ya que estos elementos, más allá de sus calificaciones, son los que determinarán para él un futuro próspero y exitoso.

La motivación como eje del rendimiento escolar

Tener que estar todos los días detrás de tu hijo o hija con el «estudia, estudia» en la boca es algo fatigoso. Tanto para él como para ti. Forzarle a ponerse delante de los libros, aunque necesario, no debería convertirse en una batalla diaria, porque el desgaste siempre estará a la vuelta de la esquina.

¿A que sería maravilloso que los adolescentes se pusieran a estudiar por sí mismos? Hay casos en que ocurre, y no necesariamente aparecen en programas que estudian casos enigmáticos como *Cuarto Milenio*. Lo hacen porque han adquirido una responsabilidad prematura. O porque por su personalidad son más disciplinados y están más predispuestos al esfuerzo diario; recuerda que todos los adolescentes son distintos.

Pero la mayoría de ellos no querrán estudiar, y la explicación a ello es muy sencilla: no tienen motivación. No encuentran atractivo el estudio, no saben que es un derecho ni tampoco entienden que sus notas de hoy serán claves para tener un mejor futuro. ¡No están pensando más allá de lo que van a hacer al salir del instituto! No interiorizan la razón futura por la que necesitan estudiar ahora. No tienen una concepción del dinero ni de cómo funciona el mundo, pues lo obtienen todo a través de sus padres.

Y en esa desmotivación encuentran su escudo estrella: «¿Para qué quiero saber yo cosas que no voy a utilizar en mi vida?». Ojo, que en parte tienen razón. El sistema educativo tiende a generalizar y a crear alumnos que aprenden de todo, pero no se especializan en nada. Un alumno que saca un 10 en matemáticas y suspende otras cinco asignaturas es un fracasado porque repite curso, cuando podría ser uno de los mejores matemáticos en el futuro. Los triunfadores no son aquellos que saben de todo, sino los que saben mucho, pero de una cosa en concreto. Bill Gates, Steve Jobs, Amancio Ortega, Mark Zuckerberg, Thomas Edison, Walt Disney... La lista de triunfadores que fracasaron escolarmente les da la razón. Pero, por supuesto, no puedes decirle a tu hijo o hija estudiante que la tiene. Porque ellos utilizan esa justificación para no hacer nada, no para especializarse en algo. Ahí es donde tienes que hacer que entiendan la verdadera razón de los estudios. Hazlo mediante un simple ejemplo. Dile que, tras acabar de estudiar, tendrá que trabajar en lo que haya en ese momento. Que imagine, para simplificar, que solo hay dos trabajos disponibles: uno que le guste (probador de videojuegos es el oficio estrella para los chicos) y otro que no le guste (basurero, que es igual de digno que tantos otros, pero no les suele resultar un trabajo atractivo). Explícale que el jefe de la empresa de videojuegos escogerá al que mejores notas tenga. Da igual que sean de matemáticas, sociales, naturales... No importa que no tengan nada que ver con videojuegos. Unas notas altas harán que el jefe vea que ese chico es responsable y que, si le pide unas tareas para cierto día, las tendrá. Y al de las bajas calificaciones no le quedará otro remedio que escoger la otra opción, la de basurero (u otro oficio igual de digno pero que le desagrade). Así entenderá que no tiene razón del todo cuando dice que para qué quiere aprender cosas que no va a utilizar y, si lo entiende, la motivación que conseguirá tendrá origen interno, que es más potente que cualquier estímulo exterior.

Por supuesto, siempre puedes seguir con el apoyo de premiarlo si saca buenas notas, lo cual ayudará a que mantenga esa motivación. A veces es complicado acertar con los privilegios adecuados. Conforme estudiar se vuelve más engorroso, se suelen consolar a sí mismos con pensamientos del tipo «bueno, ya no me apetece tanto esto que me habían prometido». Pero, si encuentras algo en concreto que lo estimule de manera fuerte, bienvenido sea.

La falta de motivación es el principal factor por el cual los adolescentes no quieren estudiar. Hazles comprender con ejemplos sencillos la importancia de sus notas en el futuro para conseguir motivarlos interiormente. Prémialos por sus buenas notas para utilizar la motivación de factores externos también.

El refuerzo negativo para erradicar las malas notas

La motivación y los privilegios son la mejor herramienta para reconducir escolarmente a un adolescente. Está demostrado que el refuerzo positivo es más potente a la hora de conseguir objetivos y es por eso que muchas empresas ya incorporan sesiones de motivación para sus trabajadores.

Sin embargo, habrá ocasiones en las que el refuerzo negativo sea necesario y decisivo. Es decir, que utilicemos más el palo que la zanahoria. Al menos para que el adolescente entienda que sus actos tienen consecuencias y que no le dé igual suspender. Eso es lo peor que puede pasarle. Un estudiante que suspende pero que le duele y le causa malestar hacerlo puede reconducirse. Pero, si cosechar una ristra de suspensos le resulta indiferente, ahí la cosa se complica.

Por supuesto, hay que poner consecuencias a los hijos que suspenden, pero hay que hacerlo de manera inteligente. Lo que no se puede hacer es que los padres estén tres meses sin preocuparse por los estudios de su hijo o hija y, cuando llegue con su colección de insuficientes, poner cara de sorpresa y quitarle todo lo que le gusta a diestro y siniestro. Esto es lo que hacen la mayoría de las familias. No tienen interés en el rendimiento escolar de su hijo o hija con regularidad (ya sea porque el trabajo las absorbe o por el motivo que sea), y tras cada evaluación, «¡ya no sales con los amigos!», «¡la videoconsola fuera!», «¡te quedas sin móvil!», y toda esa batería de misiles antisuspensos que se vuelve a repetir evaluación tras evaluación con un éxito limitado. Si tú te despreocupas del desarrollo constante de tu hijo o hija, él también lo hará. Un adolescente no está pensando qué va a ocurrir dentro de tres meses. Disfruta la vida, porque están en esa etapa en la que no tienen grandes complicaciones y responsabilidades que afrontar. Y cuando llegan las notas, es entonces cuando verdaderamente empieza su preocupación, cuando ya no puede remediarlas. Pero entonces las consecuencias no tienen sentido en cuanto a disciplina.

Así pues, las consecuencias deben pactarse antes de ejecutarlas. Y hablo de consecuencias pactadas, no de castigos autoritarios. No tienen que ser una reacción a sus notas, una rabieta puntual. Háblalo con él al comienzo del trimestre. Si suspendes tales asignaturas, tendrás tales consecuencias en concreto. Y recuérdaselo a menudo. Es más, dejad ese acuerdo por escrito, firmado y en un lugar frecuentemente visible.

Cuando lleguen las notas, solo habrá que ejecutar las condiciones del contrato. Tú te ahorrarás el enfado y la transformación animal que causa ver un expediente plagado de suspensos. Y si consigues que él tenga presente el acuerdo a lo largo del trimestre, acabará interiorizándolo y solo será un hecho puntual que lo estimulará.

Hagamos un inciso aquí para un aspecto tremendamente importante en el que la gran mayoría de los padres fallan. Si se impone una consecuencia, ¡esta se ha de cumplir! De nada sirve que lo penalices sin salir con sus amigos un mes, y que a los dos días ya esté quedando para salir de nuevo. ¿Qué ejemplo le estás dando? Le regañas una vez cada tres meses, y además la consecuencia le dura más bien poco. No. Mantén la consecuencia, por mucho que lloriquee. Allá él si en lugar de aceptarlo adoptando una postura madura se queda en el pataleo del niño.

A menudo muchos padres no quieren ver a sus hijos sufrir y por ello les levantan las consecuencias antes de lo debido. Pero aquí el trabajo tienes que hacerlo tú: no eres mejor padre o madre por no corregirlo. Al contrario. Si no refuerzas su sentido de la responsabilidad, tendrá muchos problemas en el futuro. Dejarlo un par de semanas sin móvil no te convierte en mal padre o mala madre. Lo que debería preocuparte es que en un futuro sea incapaz de encontrar un trabajo porque no supiste enseñarle la importancia de la responsabilidad.

Y otro punto que tener en cuenta en la aplicación de consecuencias es que hay que ser muy selectivo con estas. Se trata de quitarle cosas con las que disfrute para que pueda valorar las consecuencias de sus actos, pero ojo con retirarle aquellas que puedan ser productivas o que nada tengan que ver con su responsabilidad. El ejemplo más común es sacarlo de su equipo de básquet o quitarle las clases de baile u otras actividades extraescolares. Mucho cuidado con quitarle este tipo de actividades que tienen un importante contenido lúdico y de tiempo de ocio tan necesario. Es mejor optar por un «ya que demuestras que no eres responsable para cumplir con tus obligaciones académicas, no vas a poder quedar para salir». Consecuencia siempre relacionada con la actitud.

Es necesario educar con inteligencia para reconducir las malas notas: pacta las consecuencias al principio de cada trimestre, por escrito, y asegúrate de que las tenga presentes de manera frecuente; una consecuencia no tiene efecto si es repentina y cada tres meses (y mucho menos si no se cumple).

La organización como camino hacia el éxito escolar

El objetivo como padres es que los hijos lleguen a interiorizar por sí mismos que tienen que ponerse a estudiar. Pero vamos a rizar el rizo y a intentar conseguir que, además, lo hagan a diario. Esa es la clave del éxito

escolar. Estudiar el día antes del examen o hacer las tareas siempre a última hora para lo único que sirve, en el mejor de los casos, es para conseguir un cinco raspado. Hoy puede que pase de curso, pero mañana no será eficaz en su futuro trabajo bajo la ley del mínimo esfuerzo. El éxito, tanto en las notas como en cualquier aspecto de la vida, se basa en la constancia.

Así pues, tu objetivo como padre o madre debería ser que estudiara todos los días. Hay estudiantes que tienen la suerte de estudiar solo el día antes del examen y aprueban. Tienen el privilegio de tener una mente más ágil. Pero, si lo aplaudes por sus aprobados con poco esfuerzo, estarás felicitándolo por su vaguería y, lo peor, desaprovechando su potencial. Es por ello que no deberías enfocar tus alabanzas en sus notas, sino en su esfuerzo diario.

¿Cómo conseguir algo así? Fácil: comprimiendo el tiempo. Normalmente, los padres establecen las correcciones cada tres meses; es decir, cuando salen las notas (salvo alguna que otra reunión esporádica con los profesores). Ahí aplican los privilegios y las consecuencias. ¿Y si hicieras a diario esa regulación? Es sencillo, no hace falta una máquina del tiempo para ello.

Se trata de establecer patrones claros y concisos. Un ejemplo muy claro sería que, por ejemplo, tenga tanto tiempo de ocio como de estudio. Si esa tarde estudia una hora, pues podrá jugar a videojuegos o salir al parque con los amigos durante otra hora. Si estudia dos, pues podrá jugar dos horas. Su privilegio diario será proporcional a su esfuerzo diario. Esto le ayudará a organizarse. Puede llegar del instituto, comer, descansar un poco viendo la televisión, ponerse a estudiar un par de horas, y así aún le quedarán otras dos para jugar a los videojuegos o salir al parque.

A la gran mayoría de los estudiantes les basta con estudiar dos horas al día para sacar buenas notas, tampoco se necesita mucho más. Ojo, siempre y cuando ese tiempo sea efectivo. Si solo se pone ante los libros a pensar en sus cosas, da igual que esté dos o cien horas. Para ello, pregúntale la lección a menudo o revísale lo que ha hecho durante ese tiempo. Muchos padres no tienen tiempo para ello, pero sería conveniente sacar cinco minutos, aunque sea a la hora de la cena.

También es necesario que el estudiante lleve una organización efectiva. De nada va a servir que se ponga dos horas a trabajar si no sabe los ejercicios que tiene que hacer ni cuándo tiene los exámenes para dar prioridad a una asignatura u otra. Es importante que tenga su agenda al día y que esté atento en clase.

Otra forma algo más compleja pero eficaz para hacer que estudie a diario es establecer un sistema de puntos. Establece unos puntos diarios para tu hijo o hija.

Por cada hora estudiada, lección aprendida, ejercicios hechos, examen aprobado o buena nota, estos puntos aumentan. Por cada suspenso, queja de los profesores, hora que se retrase en empezar a estudiar, olvido de algún libro o libreta... esos puntos bajan. Y su ocio dependerá directamente de su puntuación. Por ejemplo, una hora de videojuegos tendría un coste de determinados puntos, o salir el fin de semana, otros tantos puntos.

Este sistema es un poco más difícil de organizar, porque tendrás que ser inteligente a la hora de establecer las puntuaciones. Dale más valor a aquello que más necesite reforzar y, de alguna manera, estarás modulándolo como estudiante a tu antojo para convertirlo en un alumno responsable y constante.

La clave del éxito escolar es que tu hijo estudie a diario y con constancia. Establece privilegios y consecuencias a diario y que el tiempo de ocio dependa del tiempo que ha estudiado ese mismo día. También puedes hacer un sistema de puntos para mantenerlo constantemente pegado a los libros.

La vida más allá de las notas

Es importante que tu hijo o hija saque buenas notas, pero los suspensos no son el fin del mundo. Ni siquiera si a pesar de las medidas correctivas estos siguen apareciendo año tras año. Hay adolescentes que «no sirven para estudiar». Ojo, que esta expresión siempre se ha visto y utilizado de manera despectiva: alguien que suspende es un borrico, un inútil. En absoluto es así. Y pensar de esa manera es lo peor que puede hacer un padre o madre con un hijo o hija que no consigue tener un buen rendimiento escolar.

Es cierto que un adolescente puede no valer para los estudios, pero no porque sea menos inteligente ni inferior al resto, ni mucho menos. Hay personalidades para las cuales el sistema escolar no está adaptado. Mira, por ejemplo, el caso de los superdotados, que se aburren en sus horas escolares. Somos muchos, y todos diferentes, y un sistema siempre se adaptará a la mayoría, pero dejará una parte de la población fuera de él.

Hay adolescentes que son muy inquietos y les supone una verdadera angustia sentarse delante de un libro que no les interesa. Las correcciones pueden angustiarlo todavía más, hacerle más mal que bien. Cuidado, una cosa es la falta de responsabilidad, que no estudie por vaguería, pero otra bien distinta que no lo haga porque su forma de ser no concuerda con el sistema escolar. Puede incluso que estudiar las asignaturas le haga perder tiempo para formarse en otras cosas en las que podría triunfar. Eso se sabe por el esfuerzo que dedica a otras cosas. ¿Es un crac tocando la guitarra? ¿Responde bien en casa cuando se le ponen obligaciones como ordenar su habitación? ¿Lo da todo en su equipo de patinaje? ¿Se aprende las coreografías sin esfuerzo? Tú, como padre o madre, más que nadie puedes saber si lo que tiene tu hijo o hija es pereza o inquietudes mal enfocadas.

Para estos últimos casos, siempre hay otras alternativas. A todos los padres les gustaría que sus hijos acabaran una carrera universitaria, pero hay vida más allá del *magna cum laude*. Más aún desde que la universidad se ha masificado y tener un título ya no es tan rentable. Ahora es casi más interesante una formación específica. Hay que saber mucho de una cosa en concreto. La Formación Profesional, en ese aspecto, otorga muy buenas ventajas. Hay muchos cursos alternativos, tanto presenciales como en línea, y existe una gran cantidad de información sobre cualquier cosa en Internet para profesionalizarse. Como, por ejemplo, que estudie sobre *marketing* y monetización, para lo que es muy importante que sepa sacar rendimiento económico a sus habilidades. Eso en las escuelas no lo enseñan. Si se especializa en algo y además consigue sacarle rendimiento económico, lo tiene hecho.

Ofrécele esas vías alternativas, pero no «gratuitamente». Él las verá como una deseada salida a los estudios y se aferrará a ellas rápidamente para dejar de estudiar (cosa que además no podrá hacer hasta tener la edad legal). No queremos darle la impresión de que queremos que deje los estudios de lado, sino de que reconduzca sus esfuerzos, que se comprometa a escoger una nueva vía de formación que sea de su agrado, pero a cambio ha de dedicarle un estudio diario y constante. Que haga algo que le guste no le exime de esforzarse. Eso ha de tenerlo claro.

Y, por último, hay adolescentes que tienen muy claro que quieren trabajar. Podemos (y debemos) intentar convencerlos de lo contrario, de que si no estudian, sus condiciones laborales serán peores, sin una alternativa profesional más allá de la explotación. Pero nuestros esfuerzos para persuadirlo deberán estar siempre dentro de unos límites. Una vez que llegue a la edad de insertarse en el mundo laboral, obligarle a estudiar puede llegar a crear un clima asfixiante en el hogar, cargado de malestar y de acusaciones constantes.

Obviamente, no queremos que se vea con dinero y libertad antes de tiempo para no querer estudiar más. Pero, si el trabajo le gusta, pues oye, puede que esa sea su forma de ser feliz. Y si le disgusta, tarde o temprano se quemará y optará por volver a formarse. La mayoría de las personas necesitan sufrir en sus carnes para darse cuenta de la necesidad de estudiar y puede que entonces ahí encuentre esa motivación que siempre le ha faltado, por mucho que tú has intentado explicárselo. No son pocos los adultos que se han reconducido de manera tardía. Valora también esa opción, porque puede incidir directamente sobre el bienestar de tu hijo o hija.

Hay adolescentes que finalmente no se adaptan al sistema escolar, y los cursos o la formación alternativa sobre algo que le atraiga pueden ser una buena salida, siempre que la razón de dejar los estudios principales no sea la falta de esfuerzo. La salida laboral, una vez que tenga la edad, también puede ser beneficiosa en algunos casos.

Conclusión

La adolescencia es una etapa vital en que el cerebro cambia y adquiere nuevas capacidades a través del pensamiento creativo, de la búsqueda de nuevas experiencias y de las relaciones sociales. Los adolescentes viven una gran intensidad emocional junto con la búsqueda de la identidad, y estos importantes cambios, que suponen retos positivos y naturales, a veces pueden comportar riesgos.

Cada adolescente es distinto, y cada chico o chica vive esta etapa a su manera. No existen fórmulas mágicas para evitar los episodios frustrantes y al límite de la paciencia en esta etapa, pero sí que os puedo garantizar que afrontar la adolescencia con amor y humor os hará disfrutar de esta etapa mucho más.

Es una etapa en la que buscan libertad, pero en la que también necesitan seguridad. No se puede poner una barrera para frenar el río salvaje que es la adolescencia, pero sí que podemos poner unos márgenes para que el río baje libremente, pero acotado y por el buen camino. Y esos márgenes son las normas y límites que debéis ponerles, pero siempre educando con el diálogo, no con el miedo ni la prohibición.

La influencia de los padres en los adolescentes es mucho mayor de lo que se cree. Por eso podéis acompañar y ayudar a vuestro hijo o hija a llegar a ser un adulto maduro, responsable y capaz. Tenéis la responsabilidad de preparar y acompañar a vuestro adolescente en este viaje, de dotarlo de herramientas para afrontar los cambios y los retos que se vaya encontrando, estando siempre a su lado.

Recordad que vosotros también fuisteis adolescentes, no para hacer comparaciones, pero sí para empatizar con sus emociones. La comunicación entre padres e hijos es indispensable en esta etapa, no solo como herramienta de prevención de riesgos, sino también para evitar la tensión emocional que puede surgir. Solo hablando con un adolescente podréis educarlo, y solo escuchándolo podréis realmente conocerlo.

En este libro he propuesto claves y recomendaciones para ayudar a los padres a conocer los cambios de comportamiento de vuestro adolescente y aprender a andar juntos en este viaje, de una forma constructiva y positiva, manteniendo los canales de comunicación siempre abiertos. Aunque rechacen vuestra ayuda o vuestros consejos una y otra vez, vuestros hijos os necesitan. Aunque os digan que quieren estar solos, vuestros hijos os quieren. Los padres sois el lugar seguro al que siempre pueden acudir pase lo que pase, y transmitir que estáis allí para ellos es vuestra principal misión.

Su opinión es importante.
En futuras ediciones, estaremos encantados
de recoger sus comentarios sobre este libro.

Por favor, háganoslos llegar a través de nuestra web:

www.plataformaeditorial.com

Para adquirir nuestros títulos,
consulte con su librero habitual.

«Ni siquiera deseo ser un genio, pues bastante
me cuesta ya ser un hombre.»*
ALBERT CAMUS

«*I cannot live without books.*»
«No puedo vivir sin libros.»
THOMAS JEFFERSON

Plataforma Editorial planta un árbol
por cada título publicado.

* Frase extraída de *Breviario de la dignidad humana* (Plataforma Editorial, 2013).

A partir de su larga experiencia como psicóloga y psicoterapeuta, la autora nos sumerge en las páginas de este libro en el universo de las emociones y en el concepto de la digestión emocional.